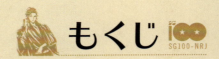

もくじ

◆ この本の使い方 ... 5

弥生時代
- 001 卑弥呼 ... 6

飛鳥時代
- 002 聖徳太子 ... 8
- 003 小野妹子 ... 10
- 004 中大兄皇子 ... 12
- 005 中臣鎌足 ... 14
- 006 持統天皇 ... 16

奈良時代
- 007 聖武天皇 ... 18
- 008 行基 ... 20
- 009 鑑真 ... 22

平安時代
- 010 坂上田村麻呂 ... 24
- 011 最澄 ... 26
- 012 空海 ... 28
- 013 菅原道真 ... 30
- 014 平将門 ... 32
- 015 藤原純友 ... 34
- 016 藤原道長 ... 36
- 017 清少納言 ... 38
- 018 紫式部 ... 40
- 019 平清盛 ... 42
- ● 平安時代の貴族のくらし ... 44

鎌倉時代
- 020 源頼朝 ... 46
- 021 源義経 ... 48
- 022 北条政子 ... 50
- 023 北条時宗 ... 52

南北朝・室町時代
- 024 足利尊氏 ... 54
- 025 新田義貞 ... 56
- 026 楠木正成 ... 57
- 027 足利義満 ... 58

028	足利義政	60	
029	山名宗全	62	
030	細川勝元	64	
031	日野富子	66	
032	雪舟	68	

戦国・安土桃山時代

033	北条早雲	70	
034	毛利元就	72	
035	武田信玄	74	
036	上杉謙信	76	
037	北条氏康	78	
038	斎藤道三	80	
039	織田信長	82	
040	今川義元	84	
041	朝倉義景	86	
042	浅井長政	87	
043	足利義昭	88	
044	明智光秀	90	
045	豊臣秀吉	92	

046	黒田官兵衛	94	
047	柴田勝家	96	
048	小早川隆景	98	
049	前田利家	100	
050	長宗我部元親	102	
051	大友義鎮	104	
052	立花宗茂	106	
053	上杉景勝	108	
054	直江兼続	110	
055	石田三成	112	
056	毛利輝元	114	
057	島津義弘	116	
058	宇喜多秀家	118	
059	小早川秀秋	119	
060	井伊直政	120	
061	山内一豊	122	
062	伊達政宗	124	
063	真田幸村	126	
	●関ヶ原の戦い（1600年）	128	
064	千利休	130	

| 065 | 出雲阿国 (いずものおくに) | 132 |
| 066 | 狩野永徳 (かのうえいとく) | 134 |

江戸時代 (えどじだい)

067	徳川家康 (とくがわいえやす)	136
068	徳川家光 (とくがわいえみつ)	138
069	天草四郎 (あまくさしろう)	140
070	支倉常長 (はせくらつねなが)	142
071	徳川綱吉 (とくがわつなよし)	144
072	近松門左衛門 (ちかまつもんざえもん)	146
073	大石良雄 (おおいしよしお)	148
074	徳川吉宗 (とくがわよしむね)	150
075	本居宣長 (もとおりのりなが)	152
076	杉田玄白 (すぎたげんぱく)	154
077	伊能忠敬 (いのうただたか)	156
078	葛飾北斎 (かつしかほくさい)	158
079	歌川広重 (うたがわひろしげ)	160
080	大塩平八郎 (おおしおへいはちろう)	162
081	吉田松陰 (よしだしょういん)	164
082	高杉晋作 (たかすぎしんさく)	166
083	勝海舟 (かつかいしゅう)	168
084	坂本龍馬 (さかもとりょうま)	170
085	近藤勇 (こんどういさみ)	172

| 086 | 徳川慶喜 (とくがわよしのぶ) | 174 |
| ● 幕末の日本 (ばくまつのにほん) | | 176 |

明治時代以降 (めいじじだいいこう)

087	明治天皇 (めいじてんのう)	178
088	西郷隆盛 (さいごうたかもり)	180
089	木戸孝允 (きどたかよし)	182
090	大久保利通 (おおくぼとしみち)	184
091	福沢諭吉 (ふくざわゆきち)	186
092	大隈重信 (おおくましげのぶ)	188
093	板垣退助 (いたがきたいすけ)	190
094	伊藤博文 (いとうひろぶみ)	192
095	陸奥宗光 (むつむねみつ)	194
096	東郷平八郎 (とうごうへいはちろう)	196
097	田中正造 (たなかしょうぞう)	198
098	小村寿太郎 (こむらじゅたろう)	200
099	津田梅子 (つだうめこ)	202
100	野口英世 (のぐちひでよ)	204

◆ 覚えたかな？ 日本の歴史人物クイズ (おぼえたかな？ にほんのれきしじんぶつクイズ) 　206

この本の使い方

◎厳選した日本の歴史人物100人のひみつを、迫力のあるイラストで説明しています。

ひみつの番号です。

名前、生没年、出身地などの基本情報です。

人物の特にすごいエピソードです。

人物のひみつです。

※人物名の読み方や生没年、エピソード、ひみつには、さまざまな説がある場合があります。
人物の年齢は、原則的に明治時代以前は数え年（うまれたときを1歳とし、以後、年が変わるたびに1歳ずつ年齢を加える方法）で表記しています。

◎**日本の歴史人物クイズ**…この本に登場する人物のクイズが30問あります。
◎**日本の歴史人物シール**…迫力の人物シール！好きなところにはろう！
◎**すごい！シール**…すごい！と思った人物のページにはろう！
◎**クイズシール**…クイズで正解したら、それぞれのシールをはろう！

ふりがな	ひみこ		出身地	不明

卑弥呼

[王]

生没年	2世紀後半～3世紀前半	亡くなった年齢	不明

主な拠点 近畿説と九州説とに大きく分かれる。

略歴

邪馬台国の女王。占いで政治をおこない、国を治めた。「魏志」（魏は中国にあった国）の中で、倭人（倭は日本のこと）について書かれた「倭人伝」によると、卑弥呼は239年（238年説もある）に魏に使者を送り、皇帝から「親魏倭王」の称号と金印や銅鏡などをあたえられたという。

最強エピソード

なぞに満ちた伝説の女王！

弥生時代、日本には30～100ほどの小さな国が乱立していた。土地や水、収穫した米をめぐって争乱が続くなか、人びとはみなが納得できる王を立て、争いを収めようとした。そこで選ばれ、30くらいの国を従えたのが、占いで神のお告げを聞いて政治をおこなうという神秘的な力をもつ卑弥呼だった。卑弥呼はシカなど動物の骨を焼いて、その骨の割れ方で吉凶（ものごとの良し悪し）を占ったそうだ。亡くなると、大きな墓がつくられた。

意外な？ひみつ

◆直接会えるのは弟だけ　◆召使いが1000人いた

卑弥呼の姿はだれも見たことがなく、宮殿にこもってずっと占いをおこない、神のお告げを聞いていたらしい。夫はおらず、直接会うことが許されたのは弟だけだった。弟は卑弥呼の言葉を人びとに伝え、政治を補佐した。卑弥呼に仕えた召使いは1000人いたという。

JINBUTSU ▼ 弥生時代 ── 卑弥呼

002

10人の話を同時に聞きとる！

ふりがな	しょうとくたいし		別名	厩戸皇子

聖徳太子

[皇族]

氏名

生没年 574〜622年　**亡くなった年齢** 49歳

出身地 飛鳥（今の奈良県）

主な拠点 斑鳩宮（今の奈良県に聖徳太子が建てた宮殿）

略歴

　おばの推古天皇の摂政（天皇に代わって政治をおこなう役職）となり、「冠位十二階」の制度や「十七条の憲法」を定めた。中国の進んだ制度や文化を取り入れるため、607年から数回にわたり隋（中国）に遣隋使という使者を送った。また仏教への信仰があつく、法隆寺や四天王寺を建立した。

最強エピソード

制度をつくり、天皇中心の国づくりを！

10　人のうったえを同時に聞き、判断を下したことから「豊聡耳皇子」ともよばれた。能力が高く、わずか19歳で政治を任された。役人の位を12に分け、位ごとに冠の色を変えた「冠位十二階」を定めた。役人の位はそれまで家柄によって決まっていたが、この制度により、能力のある人を高い位につけることができるようになった。さらに、天皇の命令に従うなど、役人としての心構えを説く「十七条の憲法」を定め、天皇中心の国づくりを目指した。

意外な？・ひみつ

◆予言をたくさん残している　**◆温泉で病気療養**

　聖徳太子は「自分の死後200年以内に京に都ができる」（平安遷都は約170年後の794年）や「その1000年後に黒竜が来る」（ペリー来航は1853年）などを予言している。また、病気療養のため、道後温泉（愛媛県）に滞在したことがある。

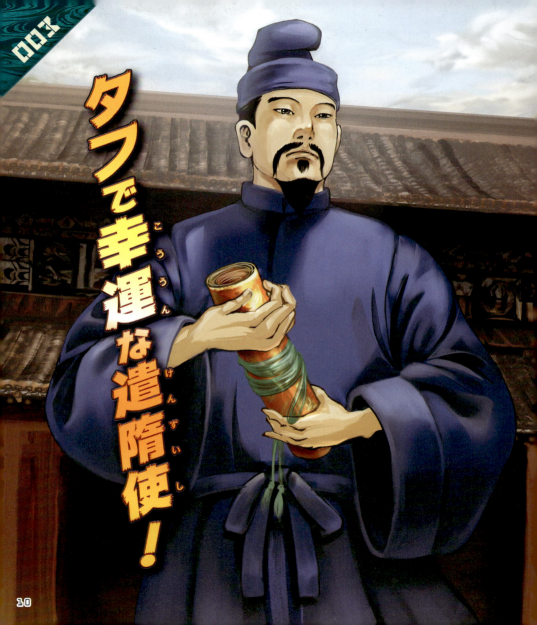

ふりがな	おのの　いもこ

氏名

小野 妹子

[豪族]

出身地
近江国(今の滋賀県)

生没年 不明　　　**亡くなった年齢** 不明

略歴

飛鳥時代の豪族。低い地位の役人だったが、冠位十二階によって能力が重視されるようになると地位が上がった。上から5番目の「大礼冠」の位のとき、隋（中国）と対等な国交を開くための使者である遣隋使に任命され、607年に隋にわたった。3年間で2度隋にわたり、帰国後は、その働きを認められて冠位十二階の最高の位である「大徳冠」をあたえられた。

最強 エピソード

隋の皇帝は怒ったが、国交を開いた！

妹子は、聖徳太子から「日出づるところ（日本）の天子、書を日没するところ（隋）の天子にいたす」で始まる国書をあずかっていた。これを受け取った隋の皇帝・煬帝は、隋と対等な関係に立とうとする日本の姿勢に激しく怒ったといわれるが、608年に妹子が帰国するときには、自分の重臣を日本への使者として同行させた。同年、妹子は隋の使者が帰国するとき、留学生や学問僧らとともに再び隋にわたり、翌年帰国した。

意外な？ひみつ

◆隋の皇帝の国書をうばわれた！?

妹子は帰国の際、皇帝からの返事の国書を百済（朝鮮半島の国）の人にうばわれたと報告した。これは、その内容が天皇や聖徳太子が不快になるものだったので、うばわれたことにしたともいわれている。このことで妹子は罪に問われるが、推古天皇に許された。幸運の持ち主だね。

JINBUTSU ▶ 飛鳥時代——小野妹子

ふりがな	なかのおおえのおうじ	別名	天智天皇(即位後)
氏名		出身地	大和国(今の奈良県)

中大兄皇子

[皇族]

生没年 626～671年	亡くなった年齢 46歳	在位 668～671年

略歴

　飛鳥時代中期の皇族で政治家。舒明天皇の皇子。645年に中臣鎌足らとともに蘇我氏をたおして、天皇中心の新しい政治をはじめた(大化の改新)。その後、長く皇太子として政治をおこなった。668年に天智天皇として即位し、670年には日本で初めての全国的な戸籍である庚午年籍をつくった。〔子〕持統天皇 〔弟〕大海人皇子(のちの天武天皇)

最強エピソード

中臣鎌足らとともに、政治改革を進める!

聖徳太子の死から20年余りのち、豪族の蘇我氏による独裁的な政治に対する不満が高まっていた。こうした中、蘇我氏打倒に立ち上がったのが中大兄皇子である。645年、中臣鎌足らの協力を得て、宮中で自ら蘇我入鹿を暗殺し、入鹿の父の蝦夷を自殺に追いこんでクーデターは成功。こうして大化の改新が始まった。その後、皇子は、豪族が支配していた土地と人びととを、国家の直接支配とするなど、新しい国のしくみを整えていった。

意外な？・ひみつ

◆水のたまる高さの変化を利用した時計をつくる!

　皇子が日本で初めてつくったのは「漏刻」という水時計。660年に飛鳥(今の奈良県)、その約10年後に近江(今の滋賀県)につくったという記録がある。時計を管理する漏刻博士という役人をおき、鐘とたいこで人びとに時間を知らせた。飛鳥の漏刻の跡とされる遺跡が、奈良県の明日香村にある。

ふりがな	なかとみの　かまたり		別名
氏名			藤原鎌足

中臣 鎌足

[豪族]

生没年	614〜669年	亡くなった年齢 56歳

別名 藤原鎌足

出身地 大和国（今の奈良県）

略歴

　飛鳥時代中期の豪族。中臣氏は有力な豪族だったが、鎌足がうまれたころは力が弱かった。中大兄皇子（のちの天智天皇）らとともに蘇我氏をたおし、大化の改新を進めた。その活やくにより死の間際に、天智天皇から「大織冠」という最高の冠位と「藤原」という姓を授けられた。のちの世におおいに栄えた藤原氏の先祖である。〔子〕藤原不比等

最強 エピソード

中大兄皇子を助け、蘇我氏を打倒！

　聖徳太子と推古天皇の死後、豪族の蘇我氏が権力をもち、横暴なふるまいが目立っていた。当時、中国には唐という強大な王朝があり、朝鮮の強国高句麗と戦っていた。国の危機を感じた鎌足は、国の力を強めるために天皇中心の政治体制をつくるべきと考え、同じ考えをもつ皇子に協力して蘇我蝦夷・入鹿親子をたおし、大化の改新とよばれる政治改革を進めた。その後も皇子を支え、律令政治（法に基づいた天皇中心の政治）の基礎を築いた。

意外な？・ひみつ

◆ きっかけは蹴鞠

　鎌足と中大兄皇子との出会いは、飛鳥寺での蹴鞠の会といわれている。蹴鞠は、数人で、皮でつくった球を地面に落とさないように蹴り上げていく、貴族の男性の遊び。皇子が球を蹴ったときに、皇子のくつがぬげて飛んだ。そのくつを拾って皇子に差し出したのが鎌足だったのだ。

JINBUTSU ▶ 飛鳥時代── 中臣鎌足

ふりがな	じとうてんのう		別名	鵜野讃良皇女

持統天皇

[皇族]

出身地 **大和国**（今の奈良県）

生没年 645〜702年	亡くなった年齢 58歳	在位 690〜697年

略歴

飛鳥時代の女性天皇。天武天皇の后として天皇を補佐したが、天武天皇と、皇太子で自分の子の草壁皇子が相次いで亡くなったため、即位した。天武天皇の政策を引きつぎ、律令国家（律令という法律に従って政治をおこなう国家）の完成に努めた。女性としては史上３人目の天皇である。〔父〕天智天皇 〔夫〕天武天皇 〔子〕草壁皇子 〔孫〕文武天皇

最強 エピソード

亡き夫、天武天皇の政策を進める！

天武天皇の命令で編集が始まり、のちの大宝律令（701年）のもととなったといわれる飛鳥浄御原令という法令を689年に施行。次いでこの法令に基づき、農民支配の基本となる庚寅年籍という戸籍をつくった。さらに694年には天武天皇の命令で建設が始められた奈良の藤原京に都を移した。このように持統天皇は、天武天皇の政策を引きついで律令国家への歩みを強力に進めた。

意外な？ひみつ

◆なんとしてもわが子を天皇に！

天武天皇は後継者を持統天皇の子の草壁皇子と決めていたが、朝廷内では母親ちがいの兄で太政大臣の大津皇子の人気が高かった。心配した持統天皇は謀反の疑いをかけて大津皇子を自殺させたといわれている。しかし天武天皇の死の３年後、草壁皇子も亡くなり、持統天皇が即位した。

飛鳥時代──持統天皇

ふりがな　**しょうむてんのう**

氏名
聖武天皇
[皇族]

生没年 **701〜756年**　　亡くなった年齢 **56歳**

出身地
大和国（今の奈良県）

在位
724〜749年

略歴

　奈良時代中期の天皇。仏教を信仰し、仏教の力で国を治めようとした。聖武天皇の時代には、仏教と唐（中国）の文化の影響が強い国際色豊かな天平文化が栄えた。749年、天皇の位を孝謙天皇にゆずり、太上天皇となった。聖武天皇の遺品は、東大寺の正倉院に納められている。〔父〕文武天皇〔后〕光明皇后（中臣鎌足の孫）

最強 エピソード

仏教の力で、政治や社会を安定させる！

　聖武天皇が即位したころは、藤原氏をはじめとする貴族の勢力争いが続き、また飢饉や伝染病が流行していた。聖武天皇はこうした社会の混乱が収まることを期待して、5年の間に4回も都を移した。また、仏教の力で政治を安定させようと、国ごとに国分寺・国分尼寺を設けた。さらに都には東大寺を建て本尊として大仏をつくった。しかし、これらの事業は人びとに大きな負担をもたらし、生活に困る農民が急増した。

意外な？ひみつ

◆東大寺大仏開眼供養は大きなイベント

　開眼供養は、新しい仏像に眼をかきこんで魂を入れる式。752年4月9日、聖武太上天皇、孝謙天皇の他、約1万人の僧が参列してはなやかにおこなわれた。インドから招いた高僧が眼をかき入れ、インドや唐の高僧が仏教の教えを説く講演をおこない、朝鮮半島などの音楽や舞踊が披露された。

JINBUTSU ▶ 奈良時代 → 聖武天皇

ふりがな	ぎょうき	別名	行基菩薩

氏名 行基

[僧]

生没年	668～749年	亡くなった年齢	82歳

出身地
河内国（今の大阪府）

活動地
日本全国

略歴

奈良時代の僧。父は朝鮮半島にあった百済からの渡来人の子孫。日本全国をまわって多くの寺を建て、民衆に仏教を布教。数かずの社会事業をおこなって社会のためにつくし、人びとから行基菩薩とあがめられた。東大寺の大仏造立に協力し、その働きによってのちに聖武天皇から僧の最高の位である「大僧正」を日本で最初にあたえられた。

最強エピソード

社会のためにつくし、大仏造立の責任者に！

行基は全国をめぐり仏教の教えを広めるとともに、池をほり、道を開き、川に橋をかけるなど社会事業をおこなった。そのため民衆からとても人気があった。当時、朝廷は一般の人びとへの仏教の布教を禁止していたが、東大寺の大仏造立には多くの人びとの力が必要だったため、聖武天皇は行基を大仏づくりの責任者にした。完成直前に亡くなった行基に、聖武天皇は「大菩薩」という名もおくっている。

意外な？ひみつ

◆数かずの伝説がある　◆日本地図をつくった

行基には、「今の兵庫県神戸市にあり、当時さびれていた有馬温泉を再興した」、「教えを受けに来た女性の過去を言い当てた」、「女性が髪にイノシシの油をぬっているのを遠くから指摘した」など多くの伝説が残っている。日本各地をまわって「行基図」といわれる日本地図をつくったともいわれる。

JINBUTSU

奈良時代――行基

ふりがな	がんじん		別名	鑑真和上

氏名 鑑真

[僧]

生没年 688〜763年

亡くなった年齢 76歳

略歴

出身地 唐（中国）

活動地 日本、唐（中国）

奈良時代に来日した唐（中国）の高僧。困難を極めた航海の中で失明してもあきらめず日本に渡来し、仏教の戒律（正式な僧となるきまり）を伝え、奈良に唐招提寺を建てた。その功績により、758年に天皇から「大和上」の称号をあたえられた。唐招提寺にある鑑真和上像は、日本で最も古い肖像彫刻として知られている。

最強エピソード

日本の仏教の発展に力をつくす！

当時の日本には戒律を授けられる僧がいなかった。仏教を広めたい聖武天皇は、戒律を授けられる僧を唐から招こうと、栄叡と普照という二人の僧を唐へおくった。二人の願い出により鑑真は日本へ行くことを決意したが、船旅は厳しく、何度も失敗した。6回目、日本に帰る遣唐使船で出国し、753年にようやく薩摩（今の鹿児島県）に到着した。聖武太上天皇や孝謙天皇、多くの僧に戒律を授け、日本の仏教発展に力をつくした。

意外な？・ひみつ

◆66歳で日本へ　◆豆腐やみそ、漢方薬を伝えた

困難続きの旅だった。1、3、4回目は反対する役人や弟子たちによる妨害、2、5回目は暴風雨などのために失敗。5回目は特に厳しく、南シナ海の海南島に流され疲労で視力を失った。日本に着いたのは最初の航海から10年後だった。豆腐やみそ、漢方薬は鑑真が日本に伝えたといわれている。

奈良時代 ― 鑑真

ふりがな	さかのうえの　たむらまろ	出身地
氏名	**坂上 田村麻呂** [武将]	**大和国**（今の奈良県）
生没年	**758～811年** 亡くなった年齢 **54歳**	活動地 **東北地方**

略歴

平安時代初期に活やくした武将。祖先が中国から日本へわたってきたとされる武門の一族にうまれる。797年に桓武天皇から征夷大将軍という、蝦夷（北海道南部、東北地方、新潟にかけて居住する、朝廷の支配に従わない人びと）を征服するための軍の最高司令官に任じられ、東北地方の蝦夷をせめ、朝廷に従わせた。すぐれた武将として尊敬された。

最強エピソード

勇かんなだけでなく心が広く、尊敬される！

801年に陸奥（今の宮城県、岩手県など）の地をせめ、翌年には、胆沢城（今の岩手県奥州市）を築いて、勢力を広げた。蝦夷の指導者で強く抵抗していたアテルイを降伏させた。田村麻呂は、降伏したアテルイを敵ながら優秀な人物と認め、命を助けるよう朝廷に願い出るなど、心の広い人物で、のちの世でも人びとに武将の模範として尊敬され続けた。なお、田村麻呂の願いはかなわず、アテルイらは河内（大阪府）で処刑された。

意外な？・ひみつ

◆妻と二人で清水寺をつくる

京都市にある清水寺の起源が書かれた書物によると、田村麻呂は位の高い僧に教えを受け、妻と観音像をつくり、仏殿に安置して798年に清水寺としたという。清水寺は1063年に焼失し、現在のものは1633年に徳川家光が再建したもの。1994年にユネスコの世界文化遺産に登録された。

平安時代─坂上田村麻呂

ふりがな	さいちょう		別名	伝教大師

最澄

[僧]

生没年 767〜822年	亡くなった年齢 56歳

出身地
近江国（今の滋賀県）

活動地
比叡山延暦寺（今の滋賀県）

略歴

平安時代初期の僧。19歳のときに東大寺（奈良県）で正式な僧となった。政治と結びつく仏教に疑問を感じ、比叡山に小さな堂（のちの延暦寺）を建て、一人で12年にわたって修行をした。桓武天皇に取り立てられ、804年に遣唐使とともに唐（中国）にわたって学び、多くの経典（仏の教えを記した書物）を持ち帰った。帰国後、天台宗を開いた。

最強エピソード

死後に願いがかない、戒壇を設立！

唐から帰国した最澄は天台宗を開いたが、取り立ててくれた桓武天皇が亡くなると、朝廷は、同じく唐で修行して帰国した僧・空海を、最澄より重く用いるようになった。そのため、比叡山に戒律（正式な僧となるきまり）を授ける戒壇を設けたいという願いも、奈良の仏教勢力の反対で認められず、最澄の死の直後にようやく認められた。その後、延暦寺では多くの弟子が学び、教えは広まり、やがて朝廷から「伝教大師」の名がおくられた。

意外な？ひみつ

空海と親しく交流、しかし絶交

最澄は、同時期に唐で学んだ空海と初めは親しく交流し、年下の空海に教えを求める立場をとった。しかし、『理趣釈経』という経典を借りたいとたのんだところ、空海は「仏教では文章を読むよりも、実際に行動する修業こそが大切だ」と拒否。このことから二人の仲はしだいに悪化し、やがて絶交した。

JINBUTSU ▶ 平安時代 ― 最澄

ふりがな	くうかい
氏名	

空海

[僧]

生没年 **774～835年**　　亡くなった年齢 **62歳**

別名 **弘法大師**

出身地 **讃岐国**（今の香川県）

活動地 **高野山金剛峰寺**（今の和歌山県）

JINBUTSU ▶ 平安時代 ▶ 空海

略歴

　平安時代初期の僧。804年に遣唐使とともに唐（中国）にわたり、密教（仏教の一派）を学んで2年後に帰国した。やがて真言宗という密教の宗派を開き、高野山（和歌山県）に金剛峰寺を建てた。死後、朝廷から「弘法大師」の名をおくられた。書にもすぐれ、嵯峨天皇、橘逸勢とともに三筆とよばれている。

最強エピソード

教育、土木、書など多方面で力を発揮！

学校である綜芸種智院や、各地をめぐって田畑に水を引くための池や井戸をつくるなど社会事業をおこなったことでも知られている。また、書家としても有名。平安京の応天門の額に文字を書いたときに「応」の点を書き忘れ（「応」と書いてしまった）、下から筆を投げて見事完成させたという。「弘法にも筆の誤り（どんな名人でも失敗することがある）」ということわざは、この伝説から生まれた。

意外な？・ひみつ

◆龍の伝説

　書にすぐれた空海には、超能力者のような伝説も残っている。遣唐使とともに海をわたり、唐で学んでいたとき、子どもにいわれて流れる水に「龍」の字を書いた。空海が「龍」の字の最後の部分を書くと、なんと字が本物の龍になったという。

ふりがな すがわらの　みちざね

氏名
菅原 道真
[学者・政治家]

生没年 845〜903年　　**亡くなった年齢** 59歳

出身地 ※諸説ある
大和国（今の奈良県）

主な拠点
京都
大宰府（今の福岡県）

GINBUTSU ▶ 平安時代 — 菅原道真

略歴

学者の家にうまれ、幼いころから和歌をつくるなど学問がよくでき、神童とよばれた。学者の頂点である文章博士（朝廷内で作文、漢文を教える）をつとめた後、讃岐国（今の香川県）の国司（地方長官）になった。平安京にもどってからは宇多天皇の時代に遣唐使の派遣の停止（894年）を提言するなど、政治家としてすぐれた業績を残した。

最強エピソード

「学問の神様」として人びとに信仰される！

道真は、醍醐天皇の時代に右大臣という高い位につく。しかし、当時、朝廷では藤原氏が政治の実権をにぎっており、藤原氏ではない道真の出世をよく思わない藤原氏の勢力によって無実の罪で大宰府の役人に格下げされてしまう。そして平安京から遠くはなれた場所で、悲しみの中、亡くなった。その後、天神様としてまつられ、今も「学問の神様」として信仰されている。

意外な？ひみつ

◆ 梅ヶ枝餅　　◆ 断食でいのり、雨を降らせた

太宰府天満宮の名物・梅ヶ枝餅は大宰府で罪人同様の生活を送っていた道真に、部屋の格子の間からおばあさんが梅の枝に餅をさしてわたしたことに由来しているという。また、讃岐（香川県）には人びとが日照りに苦しんだときに7日間断食をしていのり、三日三晩雨を降らせたという伝説が残っている。

			別名	
ふりがな	たいらの まさかど		相馬小二郎	

平 将門

[武将]

	別名
	そうま こじろう
	相馬小二郎

出身地
下総国（今の茨城県）

生没年 生年不明〜940年	亡くなった年齢 不明

略歴

桓武天皇の子孫（桓武平氏）の豪族。父の領地を引きつぐにふさわしい官位を得るために京に出て朝廷に仕えるが、望む官位を得られないまま関東にもどる。その後、一族の争いが起こり、939年に8か国を支配。自ら「新皇（新しい天皇）」を名のり独立政権を打ち立てたが、翌年、いとこの平貞盛と藤原秀郷の連合軍にほろぼされた（平将門の乱）。

最強エピソード

関東に新しい国家を作ろうとした！

将門が京から国へ帰ると、領地は伯父の平国香にうばわれていた。これがきっかけで一族の争いが起こる。国司（国の長官）と対立し、常陸国（今の茨城県）、下野国（今の栃木県）、上野国（今の群馬県）の国府（役所）をまたたく間にうばった将門は、人びとを苦しめている朝廷に反乱を起こした。この行動は英雄伝説となり、関東・東北地方には将門をまつる神社がいくつもつくられ、あがめられている。

意外な？ひみつ

◆空中をまう首　◆首塚をそまつにあつかうとたたる

将門は矢が額にあたって亡くなったという。首は京でさらされたが、故郷の猿島（今の茨城県）に帰ろうと空中をまい、途中で今の東京都千代田区大手町付近に落下したという言い伝えがある。近くの神田神社には将門がまつられ、大手町には将門の首塚があり、今も花が手向けられている。

JINBUTSU▶平安時代──平将門

33

ふりがな	ふじわらの　すみとも		出身地
氏名			不明

藤原 純友

[役人]

生没年	生年不明〜941年	亡くなった年齢	不明

主な拠点
瀬戸内海

略歴

藤原氏一族の、地方官をつとめた家柄にうまれ、伊予国（今の愛媛県）の国司（役人）となった。瀬戸内海をあらしていた海賊を取りしまる仕事をしていたが、939年に朝廷に反乱を起こした（藤原純友の乱）。阿波国（今の徳島県）や大宰府（今の福岡県）など西日本を次つぎと支配したが、941年に朝廷の命令を受けた小野好古らに討たれた。

最強 エピソード

土地の人びとと交流して、反乱を起こす！

純友は、朝廷に不満をもち、1000隻以上の船を率いる海賊となり反乱を起こした。瀬戸内海は島が多く、行き来は船である。朝廷は人びとが船で自由に物資をやりとりすることをよく思わず、違反すれば海賊とみなした。純友は実際に土地の人びとと交流して、海賊といわれる人びととの実情を理解し、味方になったとも考えられる。同じ時期に関東で平将門が起こした反乱と合わせて承平・天慶の乱という。

意外な？・ひみつ

◆ 平将門と意気投合？　　◆ 財宝伝説がある

純友と将門が朝廷に仕えていたとき、二人が京都で出会って意気投合、比叡山（今の滋賀県・京都府）で朝廷をたおす計画を立てたという伝説がある。また、日振島（愛媛県、反乱の本拠地）をはじめ、瀬戸内海沿岸には純友関連の石碑などがあり、さらに純友の財宝がかくされているという伝説もある。

JINBUTSU ▶ 平安時代 ── 藤原純友

35

ふりがな	ふじわらの　みちなが	別名	御堂関白

藤原　道長

[貴族・政治家]

生没年	966〜1027年	亡くなった年齢	62歳	出身地	京都

別名：御堂関白（ただし、関白にはなっていない。）

略歴

中臣鎌足の子孫で、藤原兼家の５男（４男ともいわれる）。兄たちが次つぎと病気で亡くなり、朝廷での権力をにぎる。娘を天皇の后にしてうまれた子を次の天皇に立て、自分は摂政（天皇が女性や幼いときに置かれることがある職）として天皇の代わりに政治を動かした。一族を朝廷の重要な職につけて藤原氏の全盛期を築いた。浄土教を信仰し、法成寺を建てた。

最強 エピソード

すべてが順調、藤原氏の全盛期！

道長は、長女の彰子を一条天皇、次女の妍子を三条天皇、三女の威子を後一条天皇にとつがせた。また、税の取り立てからのがれるために有力な農民などがおくった荘園（私有地）から多くの収入があり、藤原氏はますます栄えた。道長は威子が皇后に決まったとき、「この世をば わが世とぞ 思ふ 望月の 欠けたることも なしと思へば」（この世は自分のものだと思う。満月のように欠けているものは何もない。）という和歌をよんでいる。

意外な？ひみつ

◆兄弟でいちばん！　◆源氏の君のモデル

あるとき、道長は兄たちと肝だめしをしたことがあった。兄たちは途中でこわくなってにげ出してしまったが、道長だけは最後まで平気な顔をしていたという。紫式部が書いた『源氏物語』の主人公・源氏の君のモデルが道長だという説もある。紫式部は道長の長女の彰子に仕えていた。

JINBUTSU▶ 平安時代 — 藤原道長

37

ふりがな	せいしょうなごん		出身地	
氏名			不明	

清少納言

[歌人・随筆家]

生没年	不明	亡くなった年齢	60歳くらい

拠点
京都

略歴

父・清原元輔の影響で幼いころから和歌や物語に親しみ、漢詩文を学んだ。関白・藤原道隆（藤原道長の13歳年上の兄）の娘で一条天皇の后である定子に、993年の冬から女房（侍女）として仕えた。清少納言が、はなやかな宮中の様子や定子のすばらしさを独自のものの見方、感じ方で記した『枕草子』は、のちの文学に大きな影響をあたえている。

最強エピソード

教養があり、機転の利く女性！

『枕草子』に、ある冬の日の朝、定子が「香炉峰の雪はどんな様子かしら」と言ったところ、清少納言が御簾（室内と室外を仕切るすだれ）をさっと上げたという話がある。これは、有名な漢詩（中国の昔の詩）の内容を使って定子が「雪が見たい」と言ったことに、清少納言がすぐに気がついて行動したというもの。当時、漢詩の知識がある女性は少なかった。二人の教養の高さと、信頼関係がわかる話だ。

意外な？・ひみつ

◆本名は不明 ◆紙は定子からもらった ◆息子がいる

清少納言の「清」は父・清原元輔から1字とったもので、「少納言」は官職名。ふつうは父や夫の官職名が使われるが、身内に少納言はおらず、宮中に仕えたときに特別にあたえられたと考えられている。『枕草子』を書いた紙（草子）は定子からあたえられたもの。橘則光との間に息子がいる。

平安時代 ── 清少納言

		別名 藤式部
ふりがな **むらさきしきぶ**		出身地 **不明**
氏名 **紫式部**		拠点 **京都**
	[歌人・作家]	
生没年 **不明**	亡くなった年齢 **不明**	

略歴

歌人・藤原兼輔の孫で、学者で漢詩人である藤原為時の娘。幼いころから漢詩文にふれる機会が多く、和歌や音楽にもすぐれていた。20代のはじめに結婚して娘がうまれたが夫は2年ほどで亡くなった。そのころ書き始めた『源氏物語』が藤原道長の目に留まり、道長の娘で一条天皇の后・彰子に1005年の年末から女房(侍女)として仕えた。『紫式部日記』も書いた。

最強エピソード

横で聞いていただけで覚えてしまった！

為時が紫式部の兄に『史記』を教えていたとき、横で聞いていた幼い紫式部が『史記』をすらすらと暗誦した。当時は男性にこそ必要な知識だったため、為時は「この子が男の子だったら出世しただろうに」と残念がったといわれている。平安時代、漢字や漢文の知識のある女性はあまりよい顔をされなかったが、天皇の后の女房は別である。道長は、彰子が一条天皇に気に入られるように、教養の高い紫式部を女房として仕えさせた。

意外な？・ひみつ

◆ 清少納言と会ったことはない　◆ 娘も有名な歌人

紫式部が宮中に仕え始めたとき、清少納言はすでにやめており二人は直接会ってはいない。しかし、気になる存在だったのか紫式部は『紫式部日記』の中で、清少納言を批判する記述をしている。紫式部の娘も有名な歌人。大弐三位という名で、母とともに「百人一首」に和歌がおさめられている。

JINBUTSU ▶ 平安時代 ― 紫式部

019

貴族に代わって武士として初めて政権をにぎった！

ふりがな	たいらの　きよもり		出身地 京都
氏名 **平 清盛** [武将]			拠点 京都
生没年 1118～1181年		亡くなった年齢 64歳	

略歴

桓武天皇を先祖とする武士の一族の棟梁（総大将）。1156年の保元の乱と1159年の平治の乱で勝利し、政治の実権をにぎった。1167年に朝廷から太政大臣の位を授けられ、日本で初めての武士による政権を確立した。一族で高い官職を独占し、平氏の全盛期を築く。しかし独裁政治への反感が高まり、源氏を中心とする武士が平氏に対して兵を挙げる中、病死した。

最強エピソード

源氏をおさえ、平氏の全盛期を築いた！

保元の乱では源義朝とともに後白河天皇に味方して勝利し、平治の乱では義朝をたおしてさらに勢力を広げた。清盛は娘の徳子を高倉天皇の后にして、うまれた子を天皇に立て（安徳天皇）、天皇の祖父として権力を強めた。全盛期には、平氏は全国の半分の約30か国を支配した。また、清盛は、瀬戸内海の航路を整えて宋（中国）との貿易（日宋貿易）をおこない、大きな利益を得た。

意外な？ひみつ

◆「平氏でなければ人ではない」　◆頼朝へのうらみ

平氏が栄華を極めた全盛期は、清盛の妻・時子の弟である平時忠が「平家にあらずんば人にあらず」とおごりたかぶるほどだった。しかし、各地で平氏打倒の兵が挙がる。清盛は死ぬ直前に、「自分が死んでも供養などは必要ない。頼朝の首をとって墓に供えてほしい」と言い残したという。

JINBUTSU ▶ 平安時代—— 平清盛

平安時代の貴族のくらし

住まい [寝殿造]

平安時代の貴族は、寝殿とよばれる主人の住まいを中心とした「寝殿造」という豪華な屋敷に住んでいました。

東三条殿復元模型 [国立歴史民俗博物館所蔵資料]

外観

1. 寝殿　主人の住まい。
2. 北の対　おもに正妻が住む。
3. 東の対　おもに成人した娘が住む。
4. 渡殿　渡り廊下。女房（侍女）たちの控え室などがある。
5. 中門廊　東西の対からのびる廊下。
6. 釣殿　宴や花見をする場所。

寝殿（上の①）の室内は、壁などの仕切りがない大きな部屋を、几帳などで仕切って使いました。

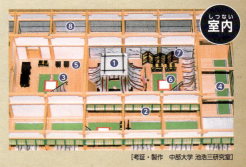

[考証・製作　中部大学 池浩三研究室]

室内

1. 御帳台　寝台（ベッド）。昼間座るところでもある。四隅に柱を立て絹の布でおおっている。
2. 御簾　仕切り。夫婦でない異性は親兄弟であっても御簾ごしに話した。
3. 几帳　移動できる仕切り。
4. 畳　当時は高級品で、座る場所だけに使われた。
5. 塗籠　壁で囲まれた部屋。寝室として使われ、後に物置として使った。
6. しとね　敷物。畳の上などに敷いて座る。
7. 屏風　部屋の仕切り。かざりとしても使う。折りたためるようになっており、移動できる。
8. 格子　格子状に組まれた戸。

平安時代の政治や文化の中心は貴族でした。
当時の貴族の住まいと服装を見てみましょう。

- 垂髪
- 唐衣
- 表着
- 袿
- 単
- 打衣

▲ 清少納言

女性の服装

[女房装束（正装）]

宮中（天皇の住まいや政治をおこなう役所があるところ）に仕える女房（天皇や貴族に仕える女性の使用人）たちが着用しました。江戸時代からは「十二単」とよばれるようになりました。袴をはきます。

略装 [小袿]
女性のふだん着。唐衣と裳（腰から下につける衣）を着ずに、袿より身の丈が短い小袿を上に着た。

男性の服装

[束帯（正装）]

宮中に参上するときや特別な行事のときに着ました。袍の色は、位によって決まっています。袴をはき、平緒というかざりを腰にまき、前に垂らします。

略装 [直衣・狩衣]
直衣は男性のふだん着。狩衣はもとは狩りのときに着ており、直衣よりも動きやすくなっている。

- 冠
- 袍
- 笏

▲ 藤原道長

ふりがな	みなもとの　よりとも		出身地
氏名			不明

源 頼朝

[武将・将軍]

	主な拠点
	鎌倉 (今の神奈川県)

生没年	1147〜1199年	亡くなった年齢	53歳

略歴

　鎌倉幕府の初代将軍。平治の乱で父・源義朝が討たれ、13歳で伊豆（今の静岡県）の平氏側の武士・北条時政の監視下に置かれる。妻は時政の娘・政子。1180年に挙兵。弟の義経らを送り、1185年、壇ノ浦（今の山口県）の戦いで平氏をほろぼす。1192年、武家政権の総大将として征夷大将軍に任命された。家来の武士（御家人）とは「御恩と奉公」の主従関係を結んだ。

最強エピソード

約670年にわたる武家政治を始める！

　1180年に平氏打倒のために伊豆で挙兵。鎌倉を拠点として勢力をかためた。壇ノ浦の戦いで勝った後、命令に逆らった弟の義経を討つという名目で各地に守護・地頭を置くことを朝廷に認めさせ、御家人を任命。これで全国的に武家政権の成立を認めさせた。1189年、東北地方の奥州藤原氏をほろぼして全国を支配下に置いた。頼朝が鎌倉に開いた武家政権を鎌倉幕府といい、以後、明治維新まで約670年間、武家政権が続く。

意外な？ひみつ

▶池禅尼の情け

　頼朝が平治の乱で死罪になるところを伊豆に流されたのは、平清盛の義母・池禅尼が、「亡くなった我が子に似ている」と、頼朝を助けるように清盛に言ったからという。のちに頼朝は、源氏と平氏が戦っている最中にもかかわらず、池禅尼の子・平頼盛を鎌倉に招いてその恩に報いたといわれる。

鎌倉時代 — 源頼朝

47

ふりがな	みなもとの　よしつね	別名	牛若丸
氏名			九郎判官

源 義経

[武将]

生没年	1159〜1189年	亡くなった年齢	31歳

出身地
京都

略歴

　源義朝の子で頼朝の異母弟。幼いころは牛若丸とよばれ、京都の鞍馬寺で育った。成長すると、すぐれた作戦で一の谷（今の兵庫県）、屋島（今の香川県）、壇ノ浦（今の山口県）などの戦いで活やくし、頼朝を助けた。平氏がほろびたあと、兄弟の仲がこじれ、頼朝に追われる。奥州平泉（今の岩手県）にのがれたが、裏切りにあい自害した。

最強 エピソード

他の人がやらない戦法で勝利！

　1184年の一の谷の戦いでは、平氏は後ろから攻撃されないように切り立ったがけを背に陣を構えていた。一の谷へ下るがけは「馬も人も下りられない」といわれるほど急だった。しかし義経は地元の人から「シカはこのがけを下りる」という話を聞き、「シカが通れるのなら、馬でもできるだろう」と考え、馬に乗り一気にかけ下りたという。他の武将もこれに続き、油断していた平氏の背後をついて、戦いにみごと勝利した。

意外な？・ひみつ

◆頼朝と初めて会ったのは挙兵時

　頼朝は母がちがう兄で、二人が初めて会ったのは、頼朝が伊豆で挙兵したことを知り義経が頼朝のもとへかけつけたときだった。兄弟はなみだを流して、源氏の勝利をちかいあったそうだ。室町時代には義経の伝説をまとめた本『義経記』が書かれた。悲劇のヒーロー・義経は昔も今も人気者である。

022

演説で御家人たちの心をひとつにまとめた！

ふりがな	ほうじょう まさこ	別名	尼将軍

北条 政子

[将軍の妻]

出身地 伊豆国（今の静岡県）

生没年 1157〜1225年　**亡くなった年齢** 69歳

主な拠点 鎌倉（今の神奈川県）

略歴

伊豆国の豪族・北条時政の娘。21歳のとき、父の反対をおしきって源頼朝と結婚した。源頼家（のちの鎌倉幕府第2代将軍）・源実朝（のちの第3代将軍）の母で、若い将軍に代わって政治を指揮した。頼家・実朝が次つぎと殺されると京都から幼い将軍をむかえ、弟の北条義時とともに将軍に代わって政治を動かした。

最強エピソード

演説ではげまし、勝利に導いた尼将軍！

1221年、後鳥羽上皇が、朝廷に勢力を取りもどそうと鎌倉幕府打倒の兵を挙げると、幕府の御家人たちはおそれ、混乱した。政子は鎌倉に集まった御家人たちを前に、「頼朝どのの御恩を思い出し、結束しなさい」と演説をした。御家人たちは政子の言葉にはげまされて団結し、京都にせめのぼって上皇の軍を破り、幕府軍は大勝利した。このような活やくとその政治力から、人びとは政子のことを「尼将軍」とよんだ。

意外な？ひみつ

◆頼朝への深い愛　◆髪の毛が残っている

結婚に反対されたが、「平氏はいずれほろびます。頼朝どのはそのとき天下をとるお方です」と言いきり、認めさせた。頼朝の浮気相手の家を壊させたという話もある。頼朝の一周忌に伊豆山神社（静岡県）に納めた頭髪曼荼羅には政子の髪の毛が編みこまれており、今も郷土資料館に保存されている。

ふりがな	ほうじょう　ときむね
氏名	

北条 時宗

[武将]

| 生没年 1251〜1284年 | 亡くなった年齢 34歳 |

出身地
鎌倉（今の神奈川県）

主な拠点
鎌倉（今の神奈川県）

略歴

鎌倉幕府第5代執権（将軍の補佐役）北条時頼の子。18歳で第8代執権となる。元（中国）に従うようにという、元の皇帝・フビライの要求を断り続け、文永の役（1274年）、弘安の役（1281年）で2度の襲来（元寇）を受けたが、日本を守りきった。元寇後、新しい土地を得られなかった御家人たちの幕府への不満が高まる中、34歳で病死した。

最強 エピソード

元の要求を強い態度で拒否！ 日本を守る！

フビライの使者は数回来たが、時宗は要求を断り続け、西日本の御家人を九州北部に集めて守りを固めた。元は、1度目は2万5000人を超える大軍、2度目には14万人の大軍でせめてきた。弓矢や刀を使って1対1で戦う日本の武士は、火薬の兵器を使い集団戦法をとる元軍に苦戦した。しかし元軍は、最初の襲来のあと時宗が博多湾岸につくらせた石の防壁（石塁）と御家人の活やくで上陸できず、さらに暴風雨で打げきを受けて引きあげた。

意外な？・ひみつ

◆無学祖元の助言

最初の襲来のあと、時宗は戦死者をとむらうため、南宋（元がほろぼした中国の王朝）から僧の無学祖元を招いて鎌倉に円覚寺を建てた。なやむ時宗に無学祖元は「莫煩悩」（まよわずに自分が信じることをおこないなさいという意味）の3文字を書き、元軍は大風が打ち払うから心配ないと言ったという。

鎌倉時代 ── 北条時宗

ふりがな	あしかが　たかうじ	別名	又太郎、高氏

足利 尊氏

[御家人・将軍]

		出身地	不明

生没年 1305〜1358年	亡くなった年齢 54歳	主な拠点	京都

略歴

室町幕府の初代将軍。もとは鎌倉幕府の有力御家人で、幕府をたおそうとした後醍醐天皇を討つように命じられたが、背いて鎌倉幕府をたおした。その後始まった後醍醐天皇の政治に不満をもち挙兵すると、天皇は吉野（今の奈良県）にのがれたため（南朝）、尊氏は京都に光明天皇を立てた（北朝）。1338年に征夷大将軍に任命され、武家政治を始めた。

最強エピソード

室町幕府の初代将軍に！

鎌倉幕府をたおした後、1334年に後醍醐天皇によって始まった建武の新政は、皇族や公家（貴族）中心の、武士にとって不公平な政治だった。尊氏は、武家政治を復活させるために不満をもつ武士を集めて挙兵。後醍醐天皇が差し向けた新田義貞の軍を鎌倉（今の神奈川県）でやぶり、京都を占領。楠木正成らの軍にはばまれ一度九州へしりぞいたが、再び京都を占領した。その後、征夷大将軍に任命され、京都に幕府を開いて、武家政治を始めた。

意外な？ひみつ

◆天龍寺を建てた　◆死因はおでき

尊氏は仏教をあつく信仰した。後醍醐天皇が亡くなると、その霊をとむらうために、京都に天龍寺を建てた。建設費用は天龍寺船による元（中国）との貿易の利益をあてた。室町幕府を開いてからも武士どうしの争いは続き、尊氏の死因は、戦でのケガがもとでできた「おでき」といわれている。

南北朝・室町時代 ── 足利尊氏

氏名: 新田 義貞 にった よしさだ [武将]

生没年 1301年ごろ～1338年

亡くなった年齢 38歳ごろ

略歴

上野国（今の群馬県）の新田に勢力をのばした源氏の一族。鎌倉幕府の御家人だった。幕府をたおすために挙兵した楠木正成を討つように命じられたが従わなかった。幕府に背き、朝廷の後醍醐天皇に味方して1333年に鎌倉をせめ、幕府をほろぼした。その後足利尊氏と対立し、越前国（今の福井県）で戦死した。

最強エピソード　挙兵からわずか15日で鎌倉幕府をたおす！

義貞のもとには幕府に不満を持つ兵が20万人も集まった。鎌倉（今の神奈川県）は山に囲まれたせめにくい土地で、なかなか近づけない。そこで、引き潮を待って砂浜を走りぬけ、海岸づたいの道を通って鎌倉にせめこみ、幕府をほろぼした。

意外な？ひみつ　やる気を出させるためのパフォーマンス

南北朝時代の軍記物語『太平記』には、「龍神（海の神）に潮が引くよう願って海に黄金の剣を投げ入れると、たちまち潮が引いた」と記されている。実は兵士の士気をあげるために、潮が引く時間を漁師に聞き、それに合わせたのだ。

ふりがな くすのき まさしげ
氏名
楠木 正成

[武将]

026

南北朝・室町時代 ― 新田義貞・楠木正成

生没年 生年不明〜1336年

亡くなった年齢 不明

略歴

後醍醐天皇の命令で鎌倉幕府と戦った。正成の活やくもあって、1333年に幕府はほろびた。建武の新政（後醍醐天皇による天皇中心の政治）では河内・和泉（今の大阪府）の守護と河内の国司となった。足利尊氏が後醍醐天皇に背き兵を挙げると、新田義貞とともに尊氏と戦ったが、敗れて戦死した。

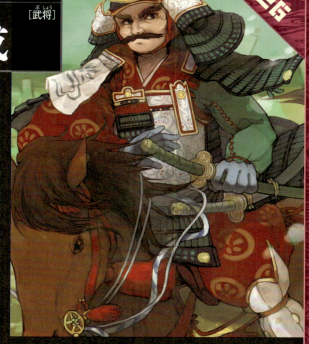

最強エピソード 千早城に100日間立てこもり、鎌倉幕府軍を弱らせる！

後醍醐天皇の子・護良親王が兵を挙げると、正成は千早城（大阪府）を築く。城に立てこもり、熱湯をあびせ、糞尿や大木を投げつけるなどして幕府軍を弱らせた。この間に各地で兵が挙がり、幕府をたおそうとする勢力が拡大した。

意外な？ひみつ 夢のお告げで取り立てられた

後醍醐天皇が正成を取り立てたのは、後醍醐天皇が夢の中で「大木の南があなたの座る場所である」というお告げを聞き、木の南は「楠木」だと連想したからだという話がある。

87

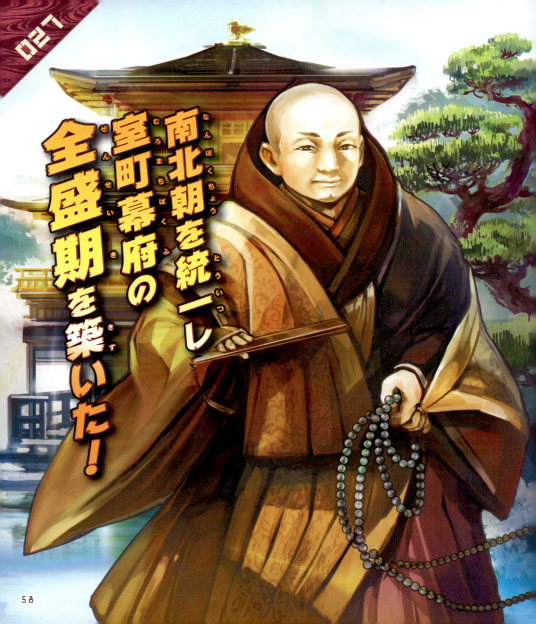

ふりがな	あしかが　よしみつ		別名	室町殿

足利 義満

[将軍]

氏名		出身地 京都
生没年 1358〜1408年	亡くなった年齢 51歳	主な拠点 京都

略歴

　室町幕府の第3代将軍。1378年に京都の室町に幕府を移した。1392年に南朝と北朝を統一。足利尊氏の挙兵で後醍醐天皇が奈良にのがれて以来続いていた争い（南北朝の動乱）をおさめた。1404年には明（中国）と勘合貿易（日明貿易）をはじめるなど、室町幕府の全盛期を築いた。〔父〕足利義詮　〔祖父〕足利尊氏

最強エピソード

はなやかな義満の時代の文化！

義　満が築いた御所（ここでは将軍の住居）は公家風の豪華な屋敷で、「花の御所」とよばれた。築いた場所が京都の室町だったため、足利氏が開いた幕府を室町幕府といい、約240年続いたこの時代は室町時代とよばれる。幕府が京都に置かれたことで、公家の文化と武家の文化が交わった。義満が京都の北山の別荘に建てた金閣に代表される義満の時代の文化を、「北山文化」という。

意外な？ひみつ

◆元祖・旅好きな将軍

　義満は旅が好きで、春日神社（奈良県）、高野山（和歌山県）、気比神社（福井県）、厳島神社（広島県）、伊勢神宮（三重県）の他、富士山をながめに今の静岡県まで出かけたという。この旅には、幕府の強さを全国に示す目的もあったといわれている。

LINEUTSU▶

南北朝・室町時代 ── 足利義満

ふりがな	あしかが　よしまさ	別名	義成（幼名）、東山殿
氏名	**足利　義政**	出身地	京都
	［将軍］	主な拠点	京都
生没年	1436（1435）〜1490年　亡くなった年齢　55（56）歳		

略歴

室町幕府の第8代将軍。14歳で将軍になり、はじめは意欲的に政治に取り組んだ。しかし、実権を妻の日野富子などがにぎるようになると名前だけの将軍になり、政治に無関心になる。あとつぎ問題から1467年に応仁の乱が起こるが、将軍職を子の義尚にゆずり、京都の東山に建てた別荘に引きこもった。文化活動に熱心で、東山文化を花開かせた。〔祖父〕足利義満

最強エピソード

戦乱よりも東山文化！

当時、室町幕府の力は弱まり、有力な守護大名の争いが激しくなっていた。応仁の乱によって京都は焼け野原になり、政治は混乱したが、義政は文化の発展にはおおいに貢献した。狩野派をおこした狩野正信、大和絵を復興した土佐光信らに出資した。さらに東山の別荘には阿弥陀堂や観音堂（のちの銀閣）を建て、これを象徴して義政の時代の文化を「東山文化」という。書院造、茶道、庭園、生け花など現代に続くさまざまな文化がうまれた。

意外な？ひみつ

◆「わび・さび」をみつける

銀閣は、はじめは祖父の義満が建てた金閣を意識して建て始めたらしい。義政は完成まで待てず、出来上がる前からここに住んでいた。豪華できらびやかな金閣に対して、義政は質素な中の「わび・さび」やしぶさを好んだ。茶道や生け花も義政がその発展の土台を築いた。

JINBUTSU▶

南北朝・室町時代 ── 足利義政

ふりがな	やまな　そうぜん

山名 宗全

[武将]

生没年	1404～1473年	亡くなった年齢	70歳

別名 山名持豊（出家前）

出身地
但馬国（今の兵庫県）

主な拠点
京都

略歴

室町時代中期の武将。はじめは山名持豊といい、出家後に山名宗全と名のった。中国地方の有力な守護大名であり、最盛期には中国地方を中心に9か国の守護大名となった。1467年の応仁の乱の中心人物の一人であり、西軍の総大将をつとめた。40歳ごろ出家したが、一族の実権はにぎったままだった。顔が赤くおこりっぽかったことから、「赤入道」とよばれた。

最強エピソード

日野富子・足利義尚を助け細川勝元と争う！

勢力を保つために娘を室町幕府の実力者・細川勝元にとつがせ、勝元との結びつきを強めるが、長く続かなかった。将軍家のあとつぎ問題で、宗全が将軍足利義政の妻・日野富子にたよられたことで二人の対立は決定的になる。宗全は富子と義政の息子・義尚を助け、勝元は義政とその弟・義視に味方した。このとき、宗全は60歳を過ぎていた。応仁の乱では西軍の総大将として勝元の率いる東軍と戦い、11年間続いた戦乱の中で病死した。

意外な？ひみつ

◆たたき上げの苦労人

宗全がうまれる前、山陽道（今の中国地方の南部）を中心に11か国を所有していた山名氏は、足利義満により、所領を3か国までへらされた（明徳の乱）。宗全は、第6代将軍足利義教を暗殺した赤松氏を討伐し（嘉吉の乱）、その功績により9か国を所有するまでに回復させたという実力者だ。

JINBUTSU ▶ 南北朝・室町時代 —— 山名宗全

ふりがな	ほそかわ　かつもと	別名 聡明丸、六郎

細川 勝元

[武将]

生没年 1430〜1473年　　**亡くなった年齢** 44歳

出身地 摂津国（今の大阪府）

主な拠点 京都

略歴

室町幕府の3管領（細川氏・斯波氏・畠山氏が交代で就任）のひとつである細川家にうまれた。足利義政のあとつぎ争いで山名宗全（持豊）との対立が深まり、1467年に応仁の乱を引き起こす。勝元は将軍・義政を立てて義政の弟・義視に味方し、東軍の総大将として宗全の率いる西軍と争った。11年も続いた争いの中で病死した。宗全の死の約2か月後だった。

最強エピソード

義政の大義名分を得て山名宗全と戦う!

ライバルの畠山持国に対抗するために室町幕府の実力者・山名宗全の娘を妻とするなど、はじめは山名氏との結びつきが強かったが、やがて対立するようになった。斯波・畠山両氏のあとつぎ争い、将軍家のあとつぎ争いをめぐって宗全との関係は悪化し、1467年1月、宗全が勝元の支援する管領・畠山政長の失脚をはかったことで、応仁の乱が起きた。勝元は将軍の義政を立てて、宗全と戦った。

意外な？ひみつ

◆禅宗を信仰　◆龍安寺を建てる　◆多趣味

勝元は禅宗をあつく信仰し、京都に龍安寺を建てた。今でも石庭で有名だ（石庭は応仁の乱後、1499年の再建時につくられたという）。また、趣味が多い教養人で、医学を研究して『霊蘭集』という医学書を書いた他、和歌、書画、鷹狩、犬追物（馬に乗り犬を追いかけて矢で射る武術）なども好んだ。

JINBUTSU ▶ 南北朝・室町時代 ― 細川勝元

ふりがな	ひの　とみこ		出身地
氏名			京都

日野　富子

[将軍の妻]

主な拠点
京都

生没年 1440〜1496年	亡くなった年齢 57歳

略歴

　室町幕府の第8代将軍足利義政の妻。実家の日野家は平安時代に栄えた貴族・藤原氏の子孫。16歳でとつぐがあとつぎがうまれず、義政の弟・義視をあとつぎとした。しかし、翌年に義尚をうむ。そこで義尚を将軍にしようと山名宗全をたより、義視の後見人である細川勝元と対立。これが応仁の乱の一因となった。義尚が将軍になったあとも、政治に深くかかわった。

最強エピソード

幕府の実権をにぎり、大もうけ！

　義政と結婚すると、実家の日野家の人びととともに政治に口出ししたため、義政は政治への意欲を失っていった。応仁の乱が続く中、9歳で将軍になった義尚を補佐して政治を動かし、義尚、義政の死後も政治に深くかかわった。一方、関所を設けて税金をとり、戦費を必要とする大名らに高い利子でお金を貸すなどしてばく大な利益を得た。富子の死後、残された遺産は現在の単位で約70億円ともいわれている。

意外な？ひみつ

◆ **必要なお金は使う**　◆ **応仁の乱とお金**

　義政が京都の東山に建設をしていた別荘にはお金を出さず「天下の悪妻」とよばれたが、火災で朝廷の御所が焼け、修理費がたくさん必要になったときは自分のお金を出した。応仁の乱では、敵味方関係なく高い金利でお金を貸し、その結果、戦乱は長引いた。

GUNBUTSU ▶ 南北朝・室町時代 ── 日野富子

ふりがな	せっしゅう	出身地	備中国（今の岡山県）
氏名	**雪舟**	主な拠点	周防国（今の山口県）
	[画家・僧]		
生没年	1420〜1506年ごろ	亡くなった年齢	87歳ごろ

略歴

幼くして備中国の寺に入り、その後、京都の寺で禅宗（臨済宗）の修行をしながら絵を学んだ。40歳ごろに周防国に移り、絵にうちこむ。1467年に明（中国）にわたり、本場の水墨画（墨1色で描く、東洋独特の絵）を学んだ。帰国後は、日本各地を旅して風景を描き、日本的な水墨画を完成させた。

最強エピソード

絵を学ぶために明へ行き、水墨画を完成！

雪舟は、京都の相国寺（足利義満が建てた禅宗の寺）で画僧・周文に水墨画を習った。40歳を過ぎたころに守護・大内政弘に招かれて、周防国で絵を描いた。水墨画の本場で学びたいと、応仁の乱が起こった1467年に大内氏の船で明にわたり絵を学んだ。帰国してからは室町幕府の保護を受けることを断り、日本各地を旅して歩きながら絵を描き続け、「四季山水図鑑（山水長巻）」「秋冬山水図」「天橋立図」などを残した。

意外な？ひみつ

▶ 生きているようなネズミの絵

雪舟は幼いころ、修行をせず絵ばかり描いていたため和尚にしかられ、本堂の柱にしばりつけられた。大泣きしたあと、足の指を使ってなみだで床にネズミの絵を描いた。和尚はその絵のネズミがまるで生きているようであることにおどろき、絵を描くことを許したという。

JINBUTSU ▶ 南北朝・室町時代 — 雪舟

下剋上の先がけ！
実力で関東に勢力を広げる！

家紋：三つ鱗

ふりがな	ほうじょう そううん	別名	伊勢新九郎長氏
氏名	**北条 早雲** [武将]	出身地	不明
生没年	1432～1519年 亡くなった年齢 88歳	主な拠点	相模国（今の神奈川県）

略歴

もともとは室町幕府の家臣だったが、駿河国（今の静岡県）の今川氏のあとつぎ争いを調停して力をつけ、1487年に駿河国の興国寺城の城主となった。伊豆国（今の静岡県）を支配し、1495年には小田原城（神奈川県）を攻略して根拠地とした。1516年に相模国を制圧し、早雲は独自の法（分国法）を定め、関東一円の領主・北条氏5代の基礎を固めた。

最強エピソード

守護大名ではない領主が、一国を奪取！

全国の大名が領国の支配をめぐって争った時代を戦国時代という。将軍から任命された守護大名とちがい、力づくで守護大名をたおして、のし上がった大名を戦国大名といい、早雲もその一人である。早雲は、わずか500人の兵で伊豆国をうばい、さらに小田原をせめ、相模国を手に入れた。この早雲の動きは、戦乱の時代に広まった、身分が下の者が実力で上の者の地位をうばう「下剋上」の先がけといわれる。

意外な？ひみつ

◆倹約家で読書家

早雲は「針のようなものでも蔵に積み上げるほどに貯蓄した」という倹約家でありながら、「ひとたび戦となれば玉のような貴重なものでも平気でくだくことができる」という大胆な金銭感覚の持ち主だったらしい。また、『太平記』を愛読し、下野の（今の栃木県）足利学校の保護にも努めたという。

JINBUTSU ▶ 戦国・安土桃山時代 ── 北条早雲

ふりがな	もうり もとなり
氏名	

毛利 元就

[武将]

生没年	1497〜1571年	亡くなった年齢	75歳

別名 松寿丸、少輔次郎

出身地 安芸国（今の広島県）

主な拠点 中国地方（今の広島県、山口県、島根県）

略歴

安芸国の有力武士の家にうまれた。毛利氏は出雲国（今の島根県）の尼子氏と周防国・長門国（今の山口県）の大内氏という有力大名にはさまれ、いつせめこまれるかわからない立場だったが、元就は機会をうかがい、大内氏の領土を手に入れた。やがて中国地方10か国を支配し、毛利氏の勢力を拡大した。

最強エピソード

夕やみと嵐にまぎれて奇襲攻撃の準備！

1551年、周防国の大内義隆が家臣の陶晴賢に殺され、元就は、陶氏と敵対するようになる。1555年、晴賢は厳島（広島県）に大軍を率いて上陸。元就は前夜の暴風雨の最中にこっそりと上陸し、村上水軍を沖合にとどまらせて早朝に攻撃を開始した。油断していた陶軍は、海と山からはさみうちにされ、大軍のためせまい島内で身動きがとれず、晴賢は自害（厳島の戦）。こののち大内氏をほろぼし、元就は周防・長門の領土を手に入れた。

意外な？ひみつ

◆「三本の矢の話」は創作

有名な「1本の矢は折れやすいが、3本まとめると折れにくい」という元就の遺言は、実はのちの世の人の創作。もとになったものは、元就が60歳のとき3人の息子（毛利隆元、吉川元春、小早川隆景）に送った「三子教訓状」に書かれた「兄弟3人が結束して毛利家を守るように」といわれている。

JINBUTSU ▶ 戦国・安土桃山時代 —— 毛利元就

ふりがな	たけだ　しんげん	別名	武田晴信、甲斐の虎

氏名

武田 信玄

[武将]

生没年 1521〜1573年	亡くなった年齢 53歳

出身地
甲斐国（今の山梨県）

主な拠点　（今の長野県）
甲斐国、信濃国

略歴

　甲斐国の戦国大名。好き勝手な政治をおこなう父を追放し、21歳で武田家の当主となる。武士どうしのけんかなどを禁じた法律「甲州法度之次第」をつくって家臣を取りしまった。領民の生活の安定のため、領内を流れる川に堤防を建設してはんらんを防ぎ、新田開発を進めるなど、領民を大切にした政治をおこなった。

最強エピソード

徳川家康もおそれた武将！

　中国の古い書物で戦略を研究していた。厳しい訓練をおこない、兵たちを戦国時代最強といわれた騎馬軍団に成長させた。この騎馬軍団の活やくもあり、1572年にはのちに江戸幕府を開く徳川家康と、遠江国（今の静岡県）で戦って大勝した（三方ヶ原の戦い）。しかし、翌年、甲斐へ帰る途中、病気で亡くなった。信玄は個人の能力や才能をいかすのがうまかったといわれている。

意外な？ひみつ

◆風林火山　◆影武者がいた

　「風林火山」（其の疾きこと風の如く、其の徐かなること林の如く、侵掠すること火の如く、動かざること山の如し）は中国の兵法家・孫武による軍隊の行動規範書の一部。武田騎馬軍団はこれに従い、日本一の強さをほこった。死後３年間は自分の死を秘密にするよう遺言を残し、影武者もいたという。

JINBUTSU ▶ 戦国・安土桃山時代 — 武田信玄

ふりがな	うえすぎ　けんしん	別名	長尾景虎、越後の龍

氏名
上杉 謙信

[武将]

生没年	1530〜1578年	亡くなった年齢	49歳

出身地
越後国（今の新潟県）

主な拠点
越後国（今の新潟県）

略歴

越後国の戦国大名。もとの名は長尾景虎。越後国の守護代の子としてうまれた。幼いころは寺に預けられたが、その後、兄に代わって19歳で家をつぎ、春日山城主となって領国を治めた。1561年に関東管領の上杉憲政に名をゆずられ、上杉氏を名のるようになった。周辺の北条氏や武田氏としばしば戦った。

最強エピソード

一人で敵・武田信玄の本陣へ！

当時、関東・信越地方では、上杉、武田、北条の三氏が勢力を争い、合戦をくりかえしていた。甲斐国（今の山梨県）の武田信玄とは川中島（今の長野県）で5度にわたり激しく戦った。なかでも1561年の戦いでは、謙信は一人で信玄の本陣に乗りこみ、信玄に傷を負わせたという。謙信は1573年には越中をうばい、加賀、能登にまで進出。1577年には織田信長軍を追い返した。春日山城にもどり、次の戦いにそなえていた矢先、急死した。

意外な？ひみつ

◆敵に塩を送る　◆信玄の死に泣く　◆実は女性？

信玄が北条氏から塩を買えずに困っていたときに塩を送って助けたという優しい一面があった。「敵に塩をおくる」（争いの本質ではないところでは敵を助ける）という言葉のもとになった話だ。信玄が亡くなったとき「惜しい英雄をなくした」と泣いたそうだ。また、女性だったという説もある。

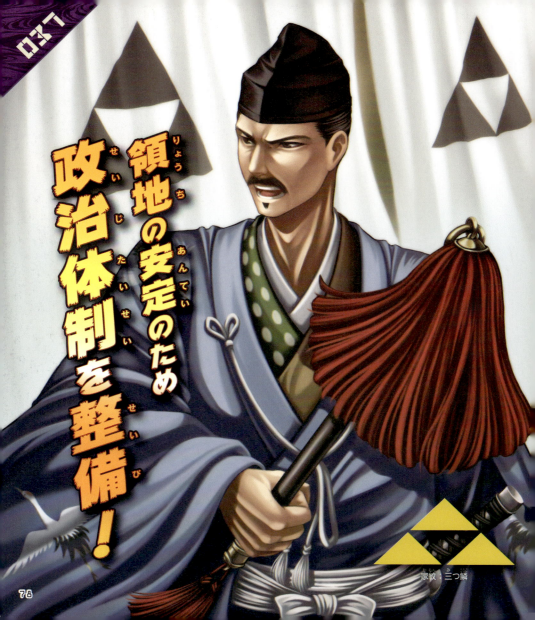

ふりがな	ほうじょう　うじやす	別名	新九郎

北条 氏康

[武将]

生没年	1515〜1571年	亡くなった年齢	57歳

出身地
相模国（今の神奈川県）

主な拠点
相模国（今の神奈川県）

略歴

北条早雲の孫で、北条氏の第3代当主。伊豆国（今の静岡県）、相模国（今の神奈川県）、武蔵国（今の埼玉県、東京都）をおさめ、さまざまな制度を整備して領地の安定をはかった。氏康は今川氏・武田氏と同盟を結ぶが、やがて武田氏が同盟をはなれ今川氏をせめたため、氏康も武田氏と敵対し、上杉謙信と同盟を結んだ。

最強エピソード

深夜に8,000人を率いて8万人の大軍を襲撃！

上杉氏などの大軍8万人が1545年に北条氏の城である河越城（埼玉県にある今の川越城）を包囲した。このとき氏康は8,000人で「河越の夜討ち」という奇襲作戦でこれをやぶった。出撃の前に氏康は、敵の首をとらないこと、縦横にかけめぐり1か所にかたまらないことを命じた。さらに松明を持たず、合い言葉を決めて暗い中で同士討ちを防いでいたという。油断していた上杉氏などの軍は敗走し、関東での北条氏の優位を決定的にした。

意外な？ひみつ

◆ 難攻不落の小田原城

氏康が拠点とした小田原城（神奈川県）は、守りが非常にかたく、難攻不落と言われた。その守りのかたさは、越後国（今の新潟県）の上杉謙信が大軍で小田原城をせめようとしたが、せめきれずに撤退したほどだった。

JINBUTSU ▼ 戦国・安土桃山時代 —— 北条氏康

ふりがな	さいとう　どうさん	別名	斎藤利政

斎藤 道三

[大名]

生没年	1494年ごろ〜1556年	亡くなった年齢	63歳くらい

出身地
山城国（今の京都府）

主な拠点
美濃国（今の岐阜県）

略歴

　商人から一代で美濃国の国主になった。油売りをしていたとき、美濃国の守護大名・土岐頼芸に仕える。1542年、主君の土岐氏を追放して美濃国を支配した。長年、織田氏と敵対していたが、娘の濃姫を織田信長にとつがせて同盟を結んだ。1556年、息子の斎藤義龍にせめられ、命を落とした。

最強エピソード

出世の道をつき進む！

　はじめは寺に入っていたが、寺を出て美濃国で油売りをするうちに美濃の守護大名・土岐氏に気に入られた。守護代（守護の代理）の斎藤氏が亡くなると、そのあとをついで斎藤利政と名のり、やがて出家して道三と名のった。戦国時代を実力でのしあがり、ぬけ目がなく、行動力もばつぐんだったことから「まむし（毒ヘビ）の道三」と人びとにおそれられた。

意外な？・ひみつ

◆ 信長の才能を見ぬく

　道三が初めて見た信長は、派手な格好で鉄砲隊の行列を引き連れていた。このとき「自分の息子たちはあのおろか者に負けるだろう」と信長の才能を見ぬいたという。一方、娘を信長にとつがせるとき、「もし評判どおりのおろか者ならこれで殺してしまえ」と短刀をわたしたともいわれる。

JINBUTSU ▼ 戦国・安土桃山時代 ― 斎藤道三

ふりがな	おだ　のぶなが	別名 織田吉法師

織田 信長

氏名

[武将]

出身地
尾張国（今の愛知県）

主な拠点
近江国（今の滋賀県）

生没年 1534〜1582年	亡くなった年齢 49歳

略歴

尾張国の守護代の家老・織田信秀の子。尾張国を統一し、1560年の桶狭間の戦いで駿河国（今の静岡県）の今川義元をやぶって勢力を広げた。1575年の長篠の戦いで武田勝頼をやぶり翌年から安土城（滋賀県）を築いた。それまでの規制をなくして城下での自由な商工業の発展をはかる（楽市・楽座）一方、敵対する勢力は徹底的におさえ、天下統一を目指した。

最強 エピソード

2万5000人の大軍を2000人でやぶる！

桶 狭間の戦いでは、今川義元の2万5000人の兵に対して、今川の本陣をわずか2000人で撃破した。これにより全国に織田信長の名が知れわたった。さらに、妹・お市の方を近江の浅井長政の妻にするなどして外交を固めて周囲の戦国大名を従え、1573年、第15代将軍・足利義昭を追放して室町幕府をほろぼした。また、徳川家康と手を結んで、武田信玄の子の勝頼と戦った長篠の戦いでは、大量の鉄砲を有効に使った戦法で勝利した。

意外な？ひみつ

◆暴れん坊　◆機械は苦手？

若いころは暴れん坊だったが、お守り役の平手政秀の諫死（死をもって忠告すること）により心を入れかえたという。安土城下では商人の自由な営業を認めたことで経済活動が活発化し、外国のものがたくさん入ってきた。時計を献上されたが、修理できないからといって受け取らなかったという。

JINBUTSU ▶

戦国・安土桃山時代── 織田信長

ふりがな	いまがわ よしもと		別名 梅岳承芳

今川 義元

[大名]

生没年	1519〜1560年	亡くなった年齢 42歳

出身地
駿河国（今の静岡県）

主な拠点
駿河国（今の静岡県）

略歴

今川氏は、足利氏の一族。4歳で出家したが、兄が亡くなったため家をついで大名になった。尾張国（今の愛知県）の織田信秀、織田信広をやぶる。東の北条氏康、北の武田信玄と同盟を結び、1560年に大軍を率いて京都を目指した。その途中、桶狭間の戦いで織田信長の奇襲を受けて戦死した。以後、今川氏の勢いは急速におとろえていった。

最強 エピソード

東海地方で一大勢力をほこった！

父の領地をついだのち、駿河国・遠江国（今の静岡県西部）・三河国（今の愛知県東部）の3か国を支配して東海地方の一大勢力となる。父の定めた分国法（戦国大名が領内を治めるためにつくった法律）である、「今川仮名目録」33か条にさらに21か条を追加した。財産相続、けんか、金の貸し借り、交通などの取り決めを定めた。三河の松平竹千代（のちの徳川家康）を8歳のときから10年以上人質にしていた。

意外な？・ひみつ

◆公家文化を好んだ　◆夢のお告げ

今川家は室町幕府の成立にも力を発揮した、由緒ある家。義元は京都の公家の文化に子どものころから慣れ親しんでおり、公家のようにお歯黒や眉墨、薄化粧をしていたという。また、桶狭間の戦いの直前に、夢に異母兄が現れ、「この戦いはやめよ」と言われたという話が残っている。

JINBUTSU▼

戦国・安土桃山時代――今川義元

ふりがな	あさくら　よしかげ
氏名	

[武将]

朝倉 義景

生没年 1533〜1573年

亡くなった年齢 41歳

略歴

父の代に室町幕府から越前国（今の福井県）守護に取り立てられた。第13代将軍・足利義輝から1字を授けられ、義景と改名。1570年、浅井長政と組んで織田信長・徳川家康の連合軍と近江の姉川（今の滋賀県長浜市付近）で戦い、敗れる。3年後に再び信長にせめられ、城に火を放って自害し、朝倉氏は滅亡した。

家紋：三つ盛り木瓜

最強エピソード　足利家と深いつながりがある！

朝倉家は室町幕府の成立時から足利家に仕えてきた家柄。第15代将軍・足利義昭を保護し、義昭の元服（成人の儀式）も朝倉家の屋敷でおこなうなど、足利家にたよりにされていた。朝廷や将軍家を軽視する信長とは相容れず、対立した。

意外な？ひみつ　みやびな生活を好んだ　遺跡は特別史跡

京風の文化にあこがれて和歌を学び、一乗谷の館（福井県）を京風に変えるなどした。一乗谷朝倉氏遺跡は、国の特別史跡に指定されている。当時は高価な輸入品だった中国の唐物茶碗や青磁花瓶などが出土している。

ふりがな	あざい ながまさ
氏名	

浅井 長政 [武将]

生没年 1545〜1573年

亡くなった年齢 29歳

略歴

近江国（今の滋賀県）の六角氏に勝利し、15歳で浅井家3代目となる。織田信長の妹・市と結婚して信長と同盟を結んだ。信長が朝倉氏を攻撃した際に古くから親交のある朝倉氏に味方し1570年、近江の姉川で信長・徳川家康の連合軍に敗れた。1573年に再び信長にせめられ、小谷城で自害した。〔娘〕茶々・初・江

家紋：三つ盛亀甲に花角

JINBUTSU ▶ 戦国・安土桃山時代 ― 朝倉義景・浅井長政

最強エピソード 若くして近江を治め、仁義をつらぬいた名将！

長政は彼の強さの評判を耳にした信長と同盟を結んだ。朝倉氏と親交があり、同盟の際に「勝手に朝倉氏をせめない」という約束をさせたが、信長は朝倉氏を攻撃した。長政は盟友・朝倉氏との板ばさみになり、なやんだ末に朝倉氏に味方をした。

意外な？ひみつ 信長の名から1字をもらう

長政の「長」は信長の名から取ったもの。信長の強さにあやかってという説がある。信長も長政の強さを認めており、おたがいにひかれ合った同盟だったが、信長が朝倉氏をせめたことで関係はこわれてしまった。

ふりがな	あしかが　よしあき		別名 覚慶
氏名			出身地 京都
足利 義昭		[将軍]	主な拠点 京都
生没年 1537〜1597年	亡くなった年齢 61歳		

略歴

　室町幕府第15代将軍。弱まっていた幕府の力を取りもどそうと、織田信長をたより、信長の力で京都に入り、第14代将軍を追い出し将軍となった。しかし、政治の実権は信長にあったため関係が悪化。信長に反する勢力と組んで兵を挙げたが敗れて京都からのがれ、約240年続いた室町幕府はほろびた。信長の死後、京都へもどったが、政治の実権はにぎれなかった。

最強 エピソード

将軍として京都にもどる！

- -

　信長と対立したが、1582年に本能寺の変で信長が明智光秀に討たれると、京都にもどれるように毛利輝元、柴田勝家、徳川家康らに助けを求め、支持を取り付けた。将軍として京都にもどるも、毛利氏が羽柴秀吉（のちの豊臣秀吉）側につき、秀吉が関白、次いで太政大臣となる。義昭は将軍ではあったが名ばかりで、武士のトップは秀吉だった。義昭はその後、将軍の座をおりて出家した。

意外な？・ひみつ

◆ 長生き　◆ 僧だった

　義昭は歴代の足利将軍の中では最も長生きで、61歳まで生きた。義昭は6歳で仏門へ入り、僧になった。将軍だった兄・足利義輝が母と弟と一緒に殺されたとき僧だった義昭は殺されず、29歳まで幽閉された。もし兄が殺されていなかったら、僧として戦いとは関係の無い人生を送っただろう。

JINBUTSU ▼ 戦国・安土桃山時代 ── 足利義昭

ふりがな	あけち　みつひで	出身地
氏名		美濃国（今の岐阜県）

明智 光秀

[武将]

生没年 1528年ごろ〜1582年	亡くなった年齢 55歳くらい

主な拠点
丹波国
（今の京都府、兵庫県、大阪府）

略歴

越前国（今の福井県）の朝倉氏に仕えたのち、織田信長に仕えた。信長に信頼され近江国（今の滋賀県）の坂本城主になったのち、丹波国の支配も認められた。1582年、中国地方をせめていた羽柴（豊臣）秀吉への援軍を命じられたが従わず、京都の本能寺に滞在していた信長をせめ、自害させた（本能寺の変）。光秀はその後、秀吉の軍に敗れた。

最強エピソード

信長の優秀な家臣！

光秀は、朝倉氏に仕えていたときに足利義昭と知り合ったとされている。のちに義昭を信長に紹介し、その後、信長に仕えるようになった。信長と義昭が対立しないように調整するなど両者から能力を認められており、1571年に近江国の坂本城主に命じられて日向守という地位についた。頭がよく、信長の天下統一事業を助け、信長に重く用いられた優秀な家臣だった。10年以上信長に仕えていたが、1582年に信長を裏切り、自害に追いこんだ。

意外な？ひみつ

◆明智氏と斎藤道三　妻は一人だけ

明智氏は斎藤道三に仕え、道三が息子の斎藤義龍に敗れると、明智氏の一族の多くが討ち死にした。道三の娘で信長の妻・濃姫と光秀はいとこであるともいわれている。また、光秀は一人も側室（正妻ではない妻）をおかず、一生、正妻の熙子だけを妻とした愛妻家だったという。

戦国・安土桃山時代 ── 明智光秀

天下統一を果たす！

家紋：五七の桐

ふりがな	とよとみ　ひでよし	別名	木下藤吉郎、羽柴秀吉

氏名

豊臣 秀吉

[武将]

出身地
尾張国（今の愛知県）

生没年	1537〜1598年	亡くなった年齢	62歳

主な拠点
大坂（今の大阪府）

略歴

織田信長に仕え、足軽から手柄を立てて大名まで出世した。信長の死後は後継者争いに勝ち、1590年に天下統一を果たした。刀狩（農民から武器を没収した政策）や、太閤検地（田畑の面積・耕作者・生産高を調べる政策）をおこない、武士と農民の身分の区別を明確にした。関白の位につき、「豊臣」の姓をたまわり、太政大臣となった。

最強エピソード

天下統一！　朝鮮へ大軍を送る！

信長に仕えて数かずの手柄を立て、大名に出世した。信長の死後はすぐに他の大名をおさえ後継者の座を確保した。1585年に四国、1587年に九州を平定し、1590年に天下統一をした。国内統一後は、明（中国）を従えようと、その先導を朝鮮に要求したが、断られたため、1592年の文禄の役、1597年の慶長の役と2度にわたって朝鮮半島に大軍を送った。しかし、1598年に秀吉が病死し、撤退。結果として、ぼう大な費用と兵力をむだに費やした。

意外な？ひみつ

◆信長の草履を温めた

秀吉は、信長の草履を持って供をする家来をしていた。ある寒い日、信長の草履を自分のふところに入れて温めておいた。信長は秀吉を気に入り、目をかけるようになった。また、

◆すばやい石垣修理

信長の居城の清洲城（愛知県）の石垣がくずれたとき、20日以上かかる修理を、秀吉はわずか2日ほどで終わらせた。

JINBUTSU ▶ 戦国・安土桃山時代 — 豊臣秀吉

ふりがな	くろだ　かんべえ		別名	黒田孝高

黒田 官兵衛 [武将]

別名 黒田孝高　黒田如水

出身地 播磨国（今の兵庫県）

生没年 1546〜1604年　　**亡くなった年齢** 59歳

略歴

播磨国の大名・小寺氏に仕えていたが、「やがて織田信長が天下を取る」と考え、主君とともに信長の家臣となった。羽柴（豊臣）秀吉の軍師（戦の作戦を考える人）となり才能を発揮し、天下統一を助けた。出家後、「如水」（野心がなく心は水のように清らかという意味）と名のる。秀吉の死後は関ヶ原の戦いで息子の黒田長政とともに徳川方についた。

最強エピソード

有能すぎて主君におそれられた！

秀吉専属の軍師として活やくした。1582年の本能寺の変で、信長が死ぬと、秀吉に「今が秀吉様の天下取りのまたとない機会」とアドバイスをし、秀吉の天下統一を後押しする。自身も豊前国（今の大分県）12万石の大名へと出世した。そのすぐれた才能は、秀吉に「自分に代わって天下を取る者がいるとすれば、黒田官兵衛だろう」と言わしめるほどだった。秀吉は官兵衛の能力におそれをなしてしだいに官兵衛を遠ざけたという。

意外な？ひみつ

◆リサイクル上手で倹約家　　◆築城の名人

自分が使ったものを家臣に買い取らせ、お金をたくわえた。これにより、関ヶ原の戦いでは豊富な資金の調達に成功した。築城の名人としても知られ、大坂城の堀の内側にたくさんの菜園をつくり、戦いに備えた。倹約家だが決してケチではなく、使うべきところに使う人物だった。

JINBUTSU▶ 戦国・安土桃山時代── 黒田官兵衛

ふりがな	しばた　かついえ	別名	権六、修理亮
氏名		出身地	尾張国（今の愛知県）

柴田 勝家

[武将]

生没年	不明〜1583年	亡くなった年齢	62歳ごろ	主な拠点	越前国（今の福井県）

略歴

　織田信長の父・織田信秀に仕え、その後信長の弟・織田信行に仕えたのちに信長の家臣となる。戦いで手柄を立てて信長に重用され、越前国北ノ庄（今の福井県福井市）をあたえられた。1582年の本能寺の変のときは、北陸地方で上杉氏と戦っており、すぐに京都にもどれなかった。信長の後継者をめぐって豊臣秀吉と対立し、賤ヶ岳の戦いで秀吉に敗れた。

最強エピソード

信長に信頼された勇敢な武将！

　戦場での突進力はだれにも負けなかったことから「掛かれ柴田」ともよばれた。1570年の姉川の戦いで信長が苦しい状況に追いこまれたときは、苦戦しつつも浅井長政軍を撃退し、1573年に第15代将軍足利義昭が挙兵したときは織田軍の主力として戦った。本能寺の変のあと、信長の子・織田信孝のはからいにより、長政の妻だった市（信長の妹）と結婚。賤ヶ岳の戦いで秀吉に敗れ、本拠地の城で市とともに自害した。

意外な？・ひみつ

◆鬼柴田　◆情に厚く勇敢

　「鬼柴田」ともよばれたが、宣教師のルイス・フロイスによると、情に厚い人柄だった。賤ヶ岳の戦いで負けた勝家は、はなれていった家臣にはうらみごとを言わず、最後までついてきた家臣には生き延びることを許し、むしろそれを喜び、これまでの忠誠に返すものがないことをなげいたという。

戦国・安土桃山時代 —— 柴田勝家

ふりがな	こばやかわ　たかかげ

小早川 隆景

[武将]

生没年 1533〜1597年　**亡くなった年齢** 65歳

別名 筑前宰相

出身地 安芸国（今の広島県）

主な拠点 備後国（今の広島県）

略歴

毛利元就の３男で、兄は毛利隆元と吉川元春。安芸国の小早川家の養子となり、小早川家から毛利氏を支え続けた。豊臣秀吉の中国ぜめの際は、毛利氏との和議の交渉にあたる。これ以降、秀吉に信頼され、五大老（豊臣政権の要職）の一人となった。1592年の秀吉の朝鮮侵略（文禄の役）では明（中国）の大軍をやぶる功績をあげた。

最強エピソード

秀吉に従うが、家臣にはならない！

吉川家の養子に入った兄・元春とともに、父・元就の意思をついで、本家の毛利家存続のためにつくした。毛利家のあとをついだ毛利輝元（隆元の子で元就の孫）を厳しく教育し、毛利氏と秀吉のパイプ役となった。秀吉は隆景を気に入り、自分の家臣にしようとした。しかし、隆景は秀吉から直接ほうびをもらうのではなく、秀吉が輝元にあたえた領土を輝元からもらうという形をとり、あくまで毛利家の家臣であり続けた。

意外な？・ひみつ

◆黒田官兵衛と交流　◆あくまで毛利家のため

隆景が亡くなると、官兵衛は「これで日本にかしこい人はいなくなった」と悲しんだという。また、秀吉が自らの甥の秀秋に毛利家をつがせようとしたとき、「小早川家に養子にきてほしい」とたのんでむかえることで秀吉による毛利家乗っ取りを防いだ。その後、秀秋の代で小早川家はほろんだ。

JINBUTSU ▼ 戦国・安土桃山時代 — 小早川隆景

99

ふりがな　まえだ　としいえ	別名　犬千代（幼名）
氏名	出身地
前田　利家	尾張国（今の愛知県）
[武将]	主な拠点
生没年　1538～1599年　　亡くなった年齢　62歳	加賀国（今の石川県）

略歴

14歳くらいから織田信長に仕え、槍の名手として手柄を立て越前の府中（今の福井県越前市）の城主となる。その後、豊臣秀吉に仕え、今の石川・富山両県にまたがる加賀104万石の大大名となった。秀吉の死後は五大老（豊臣政権の要職）の一人となるも病死。人望があり、豊臣家の重臣である利家がいなくなったことで徳川家康が力をつけ、関ヶ原の戦いにつながった。

最強 エピソード

恩人・柴田勝家と秀吉、苦渋の決断！

信長の死後、その後継をめぐって柴田勝家と秀吉が争ったとき、利家は織田家から追放されていた時代に世話になった勝家についた。しかし、合戦中に突然撤退を決め、越前の府中城に帰ってしまう。利家の撤退により秀吉軍が勝利した。勝家は利家を責めず、利家の城に立ち寄りこれまでの助けをねぎらったという。利家はその後、秀吉に協力することをちかい、加賀（石川県）金沢城主となり北陸の大大名となる基礎を固めたのだった。

意外な？ひみつ

◆自慢は長い槍　　◆お金の管理はそろばんで

利家の槍は6ｍ以上ある大きなもので、利家は「槍の又左」とよばれた。また、信長の怒りにふれて追い出され、生活に困ったことがあるからか、お金の管理には細かかった。当時、そろばんを使いこなせる武士は少なかったが、利家が使った「陣中そろばん」が前田家の家宝として残っている。

JINBUTSU▼

戦国・安土桃山時代 ― 前田利家

家紋：七つ片喰

ふりがな	ちょうそかべ　もとちか	別名 弥三郎（幼名）
氏名		出身地

長宗我部 元親
[武将]

生没年 1538〜1599年	亡くなった年齢 62歳

出身地
土佐国（今の高知県）

主な拠点
土佐国（今の高知県）

略歴

　長宗我部氏は、もとは土佐国の豪族だった。元親は1560年に家をつぎ、1575年には土佐一国を統一した。さらに、阿波国（今の徳島県）、讃岐国（今の香川県）、伊予国（今の愛媛県）へ侵攻して、1585年に四国全土を支配した。しかし、豊臣秀吉の軍にせめられて降伏し、土佐一国のみの領主となった。

最強エピソード

領内での「掟」を定めた！

　10代で初陣（初めての戦）をむかえる武将が多い中、元親の初陣は22歳だった。スタートこそおそかったものの、大活やくを見せ一気にその名が広まった。元親の最大の仕事は、領国支配のための独自の法である「長宗我部元親百箇条」（財産や軍事、学問など、さまざまな分野における法令を記したもの）を制定したこと。けんか（武力による争い）については、理由を問わずどちらにもばつをあたえる制度（けんか両成敗）とした。

意外な？ひみつ

◆「姫若子」とよばれた　◆学問や文化にも関心

　元親は幼少時、とても色が白く、美男子で優しい性格であったことから「姫若子」とよばれた。また、仏教や儒教などの学問に関心をもって学び、家臣にも南学という学問をすすめた。和歌や茶道などにも精通した文化人であったといわれている。

JINBUTSU ▼
戦国・安土桃山時代 —— 長宗我部元親

103

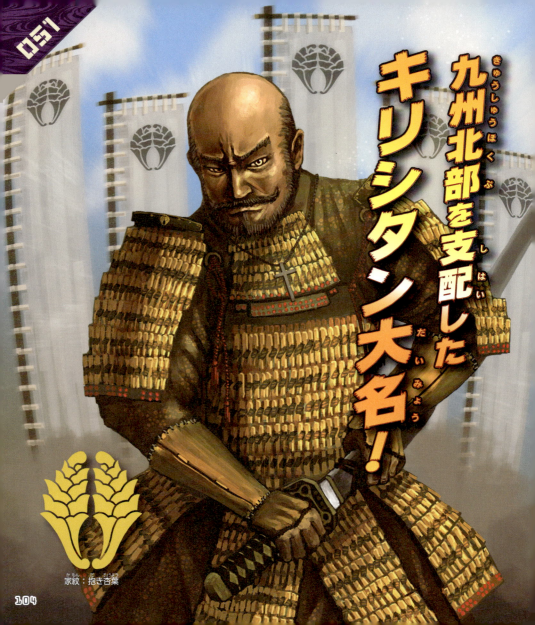

ふりがな おおとも よししげ

氏名

大友 義鎮

[武将]

別名 大友宗麟（出家後）

出身地 豊後国（今の大分県）

主な拠点 豊後国（今の大分県）

生没年 1530〜1587年

亡くなった年齢 58歳

略歴

　20代で領主となり、九州北部の6か国を支配する。出家して「宗麟」と名のった。その後、宣教師のザビエルを招いてキリスト教を保護し、ポルトガルとの貿易（南蛮貿易）を始めた。洗礼をうけ、キリスト教を信仰するキリシタン大名となる。1582年には同じくキリシタン大名の大村氏、有馬氏とともに4人の少年を「天正遣欧少年使節」としてローマへ派遣した。

最強エピソード

日本で初めて大砲を使用！

義鎮は、キリスト教を保護し「ドン・フランシスコ」と名のった。日本での布教活動を積極的におこない、教会やキリシタンのための大学などをつくった。これにより、ポルトガル船がたびたびやってくるようになり、領内の港で南蛮貿易がさかんになった。義鎮は大量の武器や弾薬を輸入するだけでなく、作り方を入手して自力で武器を製造。日本で初めて大砲をあつかった。

意外な？・ひみつ

◆ ザビエルをおこらせた

　実は義鎮がキリスト教に入信したのは、最初はポルトガルからの貿易品が目当てだった。進んだ知識と武器、弾薬など、キリスト教を保護することで得られるものは大きかった。義鎮は信者になってからも、その教えに反することをおこない、ザビエルから激しくおこられるも、こりなかったという。

JINBUTSU ▶ 戦国・安土桃山時代 — 大友義鎮

105

ふりがな	たちばな　むねしげ
氏名	

立花 宗茂

[武将]

生没年	1569〜1642年	亡くなった年齢	74歳

別名	千熊丸（幼名）
出身地	豊後国（今の大分県）
主な拠点	筑後国（今の福岡県）

略歴

大友義鎮の家臣・高橋紹運の子。紹運の同僚・立花道雪の養子になった。二人の父を支え、大友氏と対立していた島津氏をやぶるなど活やくした。豊臣秀吉の九州平定後は南筑後三郡をあたえられ、秀吉から「宗茂、無双」とたたえらえた。秀吉の死後、徳川家康から家臣になるよう求められたが断り、関ヶ原の戦いでは西軍（石田三成軍）についた。

最強エピソード

宗茂が参加していたら歴史が変わった!?

宗茂は、1600年の関ヶ原の戦いで西軍に属していたが、同じ日に近江大津城ぜめに参加していたため、戦い自体には参加していない。のちに「もしも宗茂が参加していたら、西軍が勝っていただろう」と語りつがれるほどの強さだった。西軍の敗北後、領地を没収されて数年間は浪人として暮らした。しかし、宗茂の才能を惜しんだ家康の子・徳川秀忠により、関ヶ原の戦いから10年後には大名として奇跡の復活を果たした。

意外な？ひみつ

◆実父からわたされた一本の刀

立花家に養子に出るとき、父・紹運から「もし高橋家との戦いとなったら、立花家の先鋒となって自分を討ち取りに来い。立花家と絶縁したなら、この刀を使って死ね」と言われ、一本の刀をわたされたという。宗茂は死ぬまでこの刀を大事に持っていたといわれている。

JINBUTSU▶

戦国・安土桃山時代——立花宗茂

ふりがな	うえすぎ　かげかつ		出身地
氏名			越後国（今の新潟県）

上杉 景勝

［武将］

生没年	1555〜1623年	亡くなった年齢	69歳

主な拠点
出羽国米沢
（今の山形県）

略歴

父は長尾政景、母は上杉謙信の姉で、父の死後に謙信の養子になった。同じく謙信の養子であった北条氏康の子・上杉景虎とのあとつぎ争いに勝ち、上杉家をついだ。豊臣政権に協力し、徳川家康を筆頭にした五大老（豊臣政権の要職）の一人となり、会津（今の福島県）120万石をあたえられた。関ヶ原の戦いでは、西軍（石田三成軍）として伊達政宗らと戦った。

最強 エピソード

家康の言いがかりに屈しない！

豊臣秀吉に仕え、小田原ぜめや朝鮮侵略などで力を発揮。忠誠心が認められ、五大老の一人として活やくした。秀吉の死後、天下をねらう家康から「謀反（主君に背くこと）の疑いあり。上洛（京都へ向かうこと）し、釈明せよ」と難くせをつけられたが断固拒否。関ヶ原の戦いで味方についた西軍が敗北し、家康によって出羽国米沢30万石に領地をへらされた。しかし、家臣を一人もクビにすることなく、藩の立て直しに力を注いだ。

意外な？・ひみつ

◆生涯でたった一度の笑顔

　無口で無表情、厳格で生真面目な性格で知られた景勝だが、飼っていたサルが自分の席に座り、うなずいたり部下に指図したりと自分のまねをしている姿を見て、思わずニッコリと笑った。これが生涯でたった一度、家臣に見せた笑みだったといわれる。

JINBUTSU ▶ 戦国・安土桃山時代 —— 上杉景勝

ふりがな	なおえ　かねつぐ

氏名 直江 兼続

[武将]

生没年 1560～1619(1620)年 **亡くなった年齢** 60歳

出身地 越後国（今の新潟県）

主な拠点 出羽国米沢（今の山形県）

略歴

　上杉家の家臣の子。幼いころからかしこく、4歳のときに当時11歳の上杉景勝の家臣として招かれた。豊臣秀吉から家臣にさそわれたこともあるが、「仕えるのは景勝のみ」と断った。関ヶ原の戦いでは、西軍（石田三成軍）として東軍（徳川家康軍）の伊達政宗や最上義光などをせめた。敗北後、新しい領地の出羽国に移り、景勝とともに町づくりを熱心に進めた。

最強エピソード

強烈な皮肉で家康を挑発した！

　秀吉の死後、武具を集めていた景勝に、家康は謀反の疑いをかけた。これに対し景勝の家臣である兼続は「直江状」とよばれる書面を家康に送りつけた。これは「武具を集めているのは、私たちが田舎者ゆえの趣味。茶道具みたいな人たらしの道具は必要ありません。どこかのだれかさんこそ豊臣家に謀反をくわだてているのでは」といった皮肉めいた内容で、家康は大激怒。景勝をたおすことを決め、関ヶ原の戦いが起こったとされている。

意外な？・ひみつ

◆かぶとに掲げた「愛」の意味

　兼続といえば、かぶとの「愛」の文字が有名。「愛情」という意味でとると、優しい男のように思えるが、実はこの「愛」は仏教の守護神・戦の神「愛染明王」から取ったという説がある。愛染明王は髪を逆立て、きばをむき出し、6本のうでをもったおそろしい姿をしている。

JINBUTSU

戦国・安土桃山時代 — 直江兼続

ふりがな	いしだ みつなり	
氏名		

石田 三成

[武将]

生没年 1560〜1600年	亡くなった年齢 41歳	

出身地
近江国（今の滋賀県）

主な拠点
近江国
大坂（今の大阪府）

略歴

近江国の有力者の子にうまれた。若いころから豊臣秀吉に仕え、のちに五奉行（豊臣政権の要職）の一人になる。情報収集や作戦を立てることが得意で、秀吉の天下統一事業を助けた。秀吉の死後、徳川家康が自分本位にふるまうようになると、秩序を重んじた三成は豊臣家を守ろうと関ヶ原で兵を挙げた（関ヶ原の戦い）。戦いに敗れ、京都で処刑された。

最強エピソード

先を読む力に長け、準備にぬかりなし！

計算が得意で、豊臣政権がおこなった太閤検地（田畑の面積・耕作者・生産高を調べる政策）の発案は三成だという説がある。戦の準備でも力を発揮し、1583年の賤ヶ岳の戦いでは、兵が重い食料を持って長い距離を歩かなければいけない問題を解決するため、途中の村むらに明かりと食料を用意しておくよう命じた。これにより兵士たちの休憩時間が短くなり、夜の移動もスムーズにできた。

意外な？・ひみつ

◆秀吉を感心させた「3杯のお茶」

秀吉が立ち寄った寺で、当時少年だった三成は3杯のお茶を出した。1杯目はすぐに飲めるぬるめ、2杯目は少し熱め、そして3杯目は熱あつのお茶。のどのかわきがいえたタイミングで、ゆっくりと味わうためのお茶を出す気配りに秀吉は感動し、三成を自分の城に連れて帰り、家臣とした。

JINBUTSU▼ 戦国・安土桃山時代 ― 石田三成

ふりがな	もうり　てるもと		別名 幸鶴丸(幼名)

毛利 輝元

[武将]

生没年 1553〜1625年	亡くなった年齢 73歳

出身地
安芸国(今の広島県)

主な拠点
中国地方

略歴

毛利元就の孫。11歳で毛利家をつぎ、豊臣秀吉に仕え五大老（豊臣政権の要職）の一人となった。2度にわたる朝鮮侵略に出兵。1600年の関ヶ原の戦いで西軍（石田三成軍）として豊臣方についたが、自身は出陣せず、戦場には養子の毛利秀元を送った。敗北後、徳川家康によって領地を周防・長門（今の山口県）の2国にへらされたのち出家した。

最強 エピソード

戦で動かず、毛利家を存続させた！

毛利一族の吉川広家は、関ヶ原の戦いで東軍（徳川家康軍）の勝利を信じていたが、輝元が西軍の総大将になることを阻止できなかった。そこで東軍の黒田長政らとひそかに連絡をとり、毛利は戦いに参加しないと約束をした。実際、輝元の代わりに2万の軍勢を率いて出陣した秀元は、補佐役の広家が軍を進ませないまま戦を終えた。そのため毛利家は輝元が西軍の総大将であったにもかかわらず、敗戦後、領地をへらされるだけで済んだ。

意外な？・ひみつ

◆ 舞を好んだ

源平合戦などを囃子に合わせて節をつけて歌い舞う「幸若舞」は、江戸時代まで武士に好まれていた。輝元も愛好しており、家来の息子二人を越前（今の福井県）の幸若舞小八郎家（おそらく6代桃井安信）で学ばせている。幸若舞の教本が、『毛利家本』として山口県の毛利家博物館に残っている。

JINBUTSU ▼ 戦国・安土桃山時代 ── 毛利輝元

ふりがな	しまづ　よしひろ		出身地
氏名			薩摩国（今の鹿児島県）

島津 義弘

[武将]

	主な拠点
	薩摩国（今の鹿児島県）

生没年	1535〜1619年	亡くなった年齢	85歳

略歴

　島津家の次男としてうまれる。九州統一を目指すが、豊臣秀吉にせめられ降伏する。秀吉に仕え、朝鮮侵略では3万人もの朝鮮軍を7000人の兵でやぶる活やくをした。1600年の関ヶ原の戦いでは、はじめは東軍（徳川家康軍）に加わる予定だったが、西軍（石田三成軍）で戦う。敗色がこくなり退却するが、その際、敵の大将・家康の本陣の前を突破して脱出した。

最強エピソード

命がけの敵陣突破！

20歳のときの初陣では、矢に射ぬかれたが生き残った。西軍で参加した関ヶ原の戦いでは、敵地で孤立。そこから「捨て奸」という奇抜な戦法で家康の本陣の前を突破した。これは「義弘の本隊を撤退させるため、小部隊がその場にとどまり敵と戦い続ける」というもの。多くの家来を失ったが、義弘は奇跡的に敵陣突破に成功。「鬼島津」とおそれられるも、多くの人を魅了した。死去の際には13人もの家臣があとを追って自害したという。

意外な？・ひみつ

◆ 家族が大事　◆ 多趣味

　猛将として知られた義弘だが、その素顔はよき家庭人。関ヶ原の戦いの後、真っ先に向かったのは、大坂（今の大阪府）で人質となっていた妻子の救出だった。また、茶の湯から学問、和歌や医術にいたるまで、多才な一面も。仕事も家庭も大事にし、多趣味な男性だった。

JINBUTSU ▼ 戦国・安土桃山時代 —— 島津義弘

058

氏名 [武将]

ふりがな うきた ひでいえ

宇喜多 秀家

生没年 1572～1655年

亡くなった年齢 84歳

略歴

9歳で父・宇喜多直家のあとをついだ。天下統一を目指す豊臣秀吉の四国、中国、小田原ぜめや朝鮮侵略に加わって手柄をたてた。1587年には秀吉の養女で前田利家の娘・豪姫と結婚。秀吉の晩年には五大老となる。1600年の関ヶ原の戦いでは西軍（石田軍）で戦ったが敗れ、1606年に八丈島（東京都）へ島流しとなった。

家紋：剣片喰

最強エピソード 裏切らず必死に戦う！

関ヶ原の戦いでは西軍（石田三成軍）の副大将をつとめた。他の大名たちが西軍を裏切るなかで秀家は最後まで必死に戦ったが、東軍（徳川家康軍）に敗れた。薩摩国（今の鹿児島県）にのがれ、島津氏と前田氏のとりなしで死は許されたが、島流しとなった。

意外な？ひみつ

◆長生き ◆大きな体 ◆50年八丈島で過ごす

当時としては長生き（84歳で亡くなる）で、170cmと長身だった。八丈島には江戸時代に多くの罪人が流されたが、初めて流刑になったのは秀家だった。亡くなるまで50年を島で過ごし、島には今も子孫が暮らしている。

059

ふりがな	こばやかわ ひであき
氏名	小早川 秀秋 [武将]

生没年 1582〜1602年

亡くなった年齢 21歳

略歴

豊臣秀吉の妻の甥で、秀吉の養子となる。その後、秀吉に子・秀頼がうまれたため小早川隆景の養子になった。秀吉の2度目の朝鮮侵略（慶長の役）には総大将として出兵。関ヶ原の戦いでは西軍（石田軍）についたが、途中で裏切り、西軍を攻撃。このことにより東軍（徳川軍）が勝利。その後、21歳で亡くなった。

家紋：左三つ巴

JINBUTSU ▶ 戦国・安土桃山時代 ─ 宇喜多秀家・小早川秀秋

最強エピソード 秀秋の東軍への寝返りが、関ヶ原の戦いの勝敗を決めた！

朝鮮侵略のあと言いがかりで秀吉にへらされた領地を、秀吉の死後、秀秋にもどしたのは徳川家康だった。秀秋は恩のある家康の率いる東軍に味方しようと考え、西軍を裏切る。これにより西軍は一気に劣勢になり、たった数時間で勝敗がついた。

意外な？ひみつ ◆ 鉄砲で催促される

関ヶ原の戦いで、秀秋がなかなか西軍を攻撃しなかったため、家康が鉄砲を小早川軍にうちこみ、秀秋が催促されたという話もある。

119

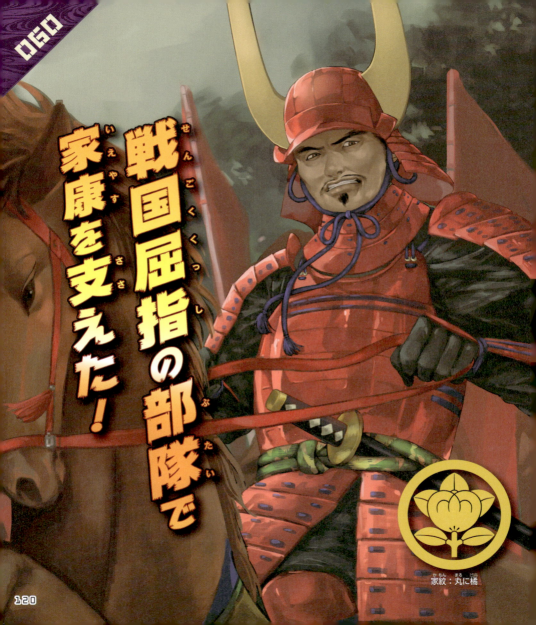

		別名
ふりがな	いい なおまさ	虎松（幼名）
氏名		出身地

井伊 直政

[武将]

生没年 1561〜1602年	亡くなった年齢 42歳

別名
虎松（幼名）

出身地
遠江国（今の静岡県西部）

略歴

幼くして父親を殺されて井伊直虎の養子になり、15歳のころに徳川家康の家来となった。家康を支えた徳川四天王の一人（他に酒井忠次、本多忠勝、榊原康政がいる）。1600年の関ヶ原の戦いでの活やくが認められ、近江国（今の滋賀県）佐和山18万石の城主となった。2年後、島津義弘を追ったときに鉄砲でうたれた傷がもとで亡くなった。

最強エピソード

何もない状態から、スピード出世！

家康を殺そうとした武田軍の間者をとらえるなど、若いころから武術にすぐれており、家康に信頼された。領地がなく、家臣もいない状態から、おどろきのスピード出世をした。直政の部隊は、戦いの装束や武器類などをすべて朱色で統一したことから「井伊の赤備え」といわれ、先頭に立った直政は「井伊の赤鬼」とよばれておそれられたという。先頭に立ち、がむしゃらに突き進む「突きがかり戦法」は、16戦16勝無敗である。

意外な？ひみつ

◆最大の弱点は妻

武力、政治力、外交力、すべてにおいて完璧で負けず嫌いで知られた直政だが、正室（正式な妻）の東梅院（唐梅院と書くこともある）には頭が上がらなかったという。東梅院は、徳川家康の養女だった。最強の武将にも弱点はあったのである。

JINBUTSU ▶ 戦国・安土桃山時代 ― 井伊直政

121

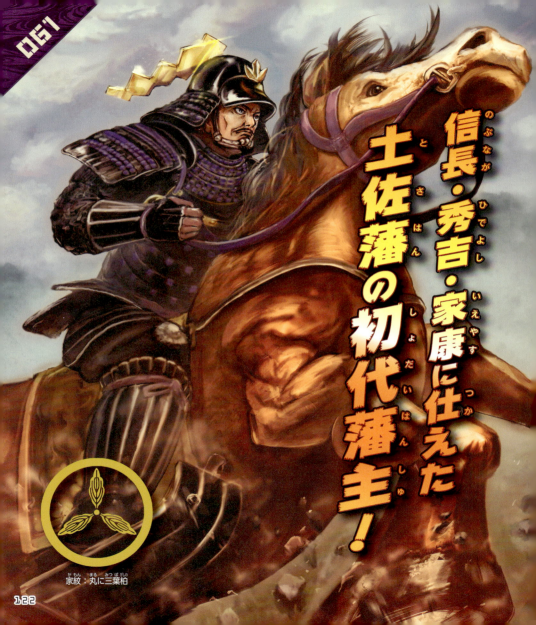

061

信長・秀吉・家康に仕えた土佐藩の初代藩主！

家紋：丸に三葉柏

ふりがな	やまうち　かずとよ		出身地
氏名			尾張国（今の愛知県）

山内 一豊

［武将］

生没年 1545（1546）〜1605年	亡くなった年齢 61（60）歳

主な拠点
土佐国（今の高知県）

略歴

父は織田氏の一族である織田信安の家老だったが、織田信長と対立して討たれた。家が没落し、各地をわたったのちに信長に仕え、やがて羽柴（豊臣）秀吉の家臣になった。その後、出世を重ね、1600年の関ヶ原の戦いでは徳川家康の率いる東軍に加わった。戦いのあと、土佐国をあたえられ、土佐藩の初代藩主となった。

最強エピソード

相撲大会を開き、抵抗する者を一掃！

関ヶ原の戦いで家康の勝利に役立った一豊は、戦いのあと土佐国1国をあたえられた。土佐国は、もとは長宗我部家の領土だった。新しい当主である一豊がおもしろくない長宗我部家の家臣たちは、一揆（反乱）を計画。そんな抵抗に手を焼いた一豊は相撲大会を開き、集まった長宗我部側の人間を一人残らず処刑し、一揆を防いだ。その後も一揆は起こるが、一豊は影武者を5人も立てるなどして防いだといわれる。

意外な？ひみつ

◆出世の陰に「できる妻」あり

妻の千代（「まつ」ともいう）は、貧しかったころの一豊に自分がためていたお金で名馬を買わせた。信長はその馬を気に入り、一豊は出世の糸口をつかんだ。また、千代は西軍の石田三成の人質になった際は、手紙を笠にしこんで三成の動きを一豊に伝えた。千代はかしこい妻として有名である。

JINBUTSU ▼

戦国・安土桃山時代 —— 山内一豊

ふりがな	だて まさむね
氏名	

伊達 政宗

[武将]

別名 梵天丸（幼名）

出身地
出羽国（今の山形県）

主な拠点
陸奥国宮城郡（今の宮城県）

生没年 1567〜1636年	亡くなった年齢 70歳

略歴

幼いころに病気で右目が見えなくなり、のちに「独眼竜」とよばれる。天下統一を目前にした豊臣秀吉に小田原ぜめを求められ、従った。秀吉の死後は徳川家康に味方し、関ヶ原の戦いでは西軍の上杉景勝・直江兼続をせめて手柄をたてた。戦いのあと、仙台藩の基礎を築いた。人目を引くおしゃれな男性を表す「伊達男」という言葉は、政宗軍からうまれた。

最強エピソード

時代の流れを読み、東北地方を治めた！

政宗は時代が秀吉から家康にうつると読んで、いち早く家康に近づいた。家康から仙台の地をあたえられてからは、青葉山に仙台城を築き、100万人を動員して仙台に城下町を作り上げた。1613年には家臣の支倉常長をスペインに送り、当時スペインが支配していたメキシコとの貿易をおこなおうとした。これは失敗に終わったが、政宗のすぐれた時代感覚は、あと10年早く生まれていたら、天下統一もできただろうといわれるほどだった。

意外な？・ひみつ

◆**大遅刻** ◆**白装束** ◆**料理好き**

天下統一を目指して小田原城をせめていた秀吉によばれたとき、政宗は2か月おくれで到着。そこで、「殺される覚悟です」という意味の白装束（切腹のときの服）を着て登場。おこっていた秀吉は、その姿を見て政宗を許したという。戦いがなくなった江戸時代は、料理を趣味にした。

JINBUTSU ▼ 戦国・安土桃山時代── 伊達政宗

ふりがな	さなだ　ゆきむら	別名
氏名		真田信繁（本名）

真田 幸村

[武将]

生没年 1567～1615年	亡くなった年齢 49歳

出身地
信濃国（今の長野県）

略歴

豊臣秀吉に仕えた。関ヶ原の戦いでは父・真田昌幸とともに西軍（石田三成軍）につき、上田城（長野県）で徳川秀忠の大軍が西へ向かうのを阻止した。そのため、戦後は徳川家康に追放された。1614年の大坂冬の陣では、真田丸とよばれた出城を大坂城に築いて活やく。翌年の大坂夏の陣では家康を追いつめたが、あと一歩のところで届かず戦死した。

最強 エピソード

無名武将の名を知らしめた出城、「真田丸」!

無名の幸村を有名にしたのが、豊臣家と徳川家が衝突した大坂冬の陣。幸村は、深い堀に囲まれた大坂城の中で、ただひとつ高低差が少なく防備が弱い南側に目をつけ、その前方に小さな出城「真田丸」を築いた。敵の注意を引きつけることで、大坂城の守りを強化。幸村は5000人もの兵と真田丸の中にこもって徳川方の軍をむかえうち、けちらした。家康は一度和睦し、幸村に豊臣家を裏切り自分の配下に入るように求めたが、幸村は断った。

意外な？・ひみつ

◆ 本音は手紙に

幸村は、戦国時代にしてはめずらしく手紙に感情を書く人物だった。関ヶ原の戦いで負けた後に身内にあてた手紙には「急に老けこんで病気がちになり、歯もぬけた」といった老いへの不安、家臣への手紙には「生活が苦しい」などの悩みが、ありのままに書かれていた。

JINBUTSU ▼ 戦国・安土桃山時代 ── 真田幸村

関ヶ原の戦い（1600年）

✕ 西軍

約8万人。豊臣家から政権をうばおうとする徳川家康と対立した石田三成が中心となって兵を挙げた。相次ぐ東軍への寝返り、不参戦によって東軍に敗北した（⛩は東軍に味方した武将）。

※ ■ は関ヶ原で戦っていない武将

総大将
毛利輝元
大坂城にいて、関ヶ原では戦わなかった。

副将
宇喜多秀家
西軍の主力。福島正則と戦った。

石田三成
西軍の中心人物。豊臣家を守ろうと挙兵した。

小早川秀秋
東軍に寝返り、大谷吉継を攻撃。西軍の主力を壊滅させた。

吉川広家
毛利輝元のおじ。黒田長政と連絡をとり、毛利は戦いに参加しないと約束。周囲の西軍の動きをおさえた。

毛利秀元
毛利輝元のいとこ。輝元の代わりに2万の軍勢を率いたが、おじの吉川広家に阻止され、戦わなかった。

大谷吉継
石田三成の盟友で、真田幸村（信繁）の義父。病気だったが出陣する。小早川秀秋の裏切りにより壊滅した。

島津義弘
敵地で孤立し、家康の本陣前を突破して退却した。

上杉景勝
領地の越後国で伊達政宗と戦った。

直江兼続
上杉景勝とともに伊達政宗と戦った。

立花宗茂
近江大津城をせめており、関ヶ原では戦わなかった。

真田幸村（信繁）
父・昌幸とともに上田城で徳川秀忠軍と戦い、足止めをした。

豊臣秀吉の死後に関ヶ原（今の岐阜県）で起きた「天下分け目の戦い」。
西軍・東軍のおもな武将を見てみましょう。

✕ 東軍

約7万人。石田三成と対立する武将を味方につけ、徳川家康が率いた。戦いの前から寝返りの説得などをおこない、西軍に勝利した。

総大将

徳川家康
上杉景勝討伐に向かったが、三成挙兵を知り関ヶ原へ。

井伊直政
戦いの前から西軍に根まわしをして、多くの武将を東軍の味方にした。

山内一豊
西軍の人質となった妻・千代の手紙から三成の動きを把握し、勝利に貢献した。

伊達政宗
越後国で上杉景勝、直江兼続と戦った。

布陣図

徳川秀忠
家康の三男。真田が守る上田城で足止めされ、関ヶ原にたどり着けなかった。

黒田長政
黒田官兵衛の息子。小早川秀秋や吉川広家を東軍に寝返らせた。

細川忠興
三成の本陣を攻撃した。

福島正則
三成と対立し、家康に従った。

藤堂高虎
小早川秀秋とともに、大谷吉継を攻撃した。

129

064

質素な「茶の湯」を完成させた！

ふりがな	せんの　りきゅう	別名	
氏名		与四郎、宗易	

千 利休

[茶人]

生没年	1522～1591年	亡くなった年齢	70歳

出身地
和泉国（今の大阪府）

略歴

　堺（大阪府）の大商人の家に生まれ、幼いころから茶を学んだ。禅の思想や作法を取り入れ落ち着いたたたずまいの中で茶を飲む「わび茶」の作法を完成させた。織田信長、豊臣秀吉に仕え、茶頭（茶の湯のことをつかさどる役）となる。信長や秀吉に保護され、茶の湯は広く流行したが、秀吉の怒りにふれ、自害を命じられた。

最強エピソード

これからはシンプルな「わび茶」で！

　それまでの茶会は豪華さを競うものが多かったが、利休は静かで落ち着いた雰囲気を重んじた。茶室の広さはわずか２畳。入口は小さく、刀を外し身をかがめなければならない。これは、茶室の中ではみな平等という意味があるともいわれている。金持ちだけが独占していた茶を庶民にも浸透させたが、豪華な茶会を好んだ秀吉との対立を生んだ。利休の子孫から、表千家、裏千家、武者小路千家の三千家が現在に続いている。

意外な？ひみつ

◆独特のセンス

　「利休の家の庭に一面に咲く朝顔が美しい」といううわさを聞いた秀吉。翌朝、早速利休の家を訪れたが、朝顔は咲いていなかった。不機嫌になる秀吉が、茶室に入ると一輪の朝顔が！　一輪のみかざることで美しさを際立たせる独特のセンスに、派手好きな秀吉も感心した。

JINBUTSU ▶ 戦国・安土桃山時代 — 千利休

ふりがな いずものおくに

氏名
出雲阿国

[踊り手]

出身地
不明

生没年 不明　　　亡くなった年齢 不明

略歴

　阿国についてくわしいことはほとんど分かっていない。出雲大社（島根県）で巫女をしていたといわれ、「出雲阿国」とよばれる。かわいらしい娘たちの踊り「ややこ踊り」を得意とし、出雲大社への寄付を募る目的で全国各地で披露した。その後「かぶき踊り」を生み出し、京都で大人気となる。かぶき踊りは、形を変えながら現在まで続く歌舞伎に発展した。

最強 エピソード

京都で一大ブームとなった「かぶき踊り」！

　現在の歌舞伎は男性だけが演じる芸能だが、生みの親は女性だった。戦国時代の終わりごろから、派手なかっこうで奇抜なことをすることがはやり、「かぶき者」とよばれた。出雲阿国はかぶき者をヒントに、男性のかっこうをしてかぶき者が茶屋の娘とたわむれる様子を舞う「かぶき踊り」を考えだした。かぶき踊りはたちまち京都で大人気となり、出雲阿国はたびたび豊臣秀吉のいる伏見城（京都府）にも招かれ、踊りを披露したという。

意外な？・ひみつ

◆ 夫は伝説の美少年！？

　阿国の夫とも恋人ともいわれ、歌舞伎の生みの親という説もある、蒲生氏郷の小姓の名古屋山三郎という人物がいる。山三郎は戦国武将だが、おしゃれな美少年（かぶき者）で有名だった。知り合いとのいさかいで亡くなるが、その後、阿国は山三郎の姿にふんしてかぶき踊りをつくったという伝説がある。

JINBUTSU ▶ 戦国・安土桃山時代 ── 出雲阿国

ふりがな	かのう　えいとく

氏名

狩野 永徳

[画家]

生没年 1543〜1590年　　**亡くなった年齢** 48歳

出身地
山城国（今の京都府）

主な拠点
山城国（今の京都府）

略歴

　室町幕府の御用絵師（幕府に家臣として仕えた絵師）だった祖父・狩野元信のあとをつぎ、20代半ばで狩野一門の中心的画家になった。代表作に2頭の唐獅子を描いた「唐獅子図屏風」や京の町と郊外の人びとの暮らしを表現した「洛中洛外図」などがある。永徳の絵は10点ほどしか残っていないが、2007年に「洛外名所遊楽図屏風」が新たに見つかった。

最強エピソード

英雄の心をつかむ、ダイナミックな画風！

　永徳の画風は、豪華で力強く、金色の背景にワシやタカ、トラなどが堂どうと描かれているものが多かった。そのダイナミックな絵は、天下統一の野心に燃える織田信長や豊臣秀吉にも認められ、信長の安土城、秀吉の大坂城や聚楽第の障壁画として依頼されるほどの人気ぶり。「洛中洛外図」は信長が上杉謙信におくり、「唐獅子図屏風」は、本能寺の変を聞きつけた秀吉が、毛利家との講和のために送ったとも伝わっている。

意外な？・ひみつ

◆ ライバルの存在にヤキモキ

　英雄たちに気に入られ、向かうところ敵なしだった永徳。しかし、ライバルの長谷川等伯に京都御所（天皇の住まい）の仕事がまいこみ、嫉妬心に火がついた。有力公家に土産物をもって乗りこみ、「長谷川を外してくれ」とアピール。永徳の望みはかなうが、その1か月ほど後、永徳は急死した。

JINBUTSU ▶ 戦国・安土桃山時代 — 狩野永徳

ふりがな	とくがわ　いえやす		別名	竹千代（幼名）

徳川 家康

[武将・将軍]

出身地
三河国（今の愛知県）

生没年 1542〜1616年　**亡くなった年齢** 75歳

主な拠点
江戸（今の東京都）

略歴

　幼いときに親もとをはなれ、織田家や今川家で人質として生活をする。1560年、桶狭間の戦いで今川義元が織田信長に敗れると、信長と同盟を結んで勢力を広げ始めた。信長の死後は豊臣秀吉に協力し、秀吉の死後、関ヶ原の戦いで勝利して全国支配の実権をにぎった。1603年、征夷大将軍に任命され、こののち260年以上続く江戸幕府を開いた。

最強エピソード

徳川のために将軍をゆずる！

江戸幕府を開いた家康は、徳川氏による政権の安定のためにさまざまな取り組みを進めた。まず、征夷大将軍をわずか2年ほどで息子の徳川秀忠にゆずり、徳川氏が代だい将軍職につくことを全国の大名に示した。また、大名を取りしまるため、許可のない城の修理や大名どうしの結婚を禁止するなどとした「武家諸法度」という法律を定めた。一方、1614年、1615年の2度にわたる大坂の陣で豊臣氏をほろぼし、幕府の権力を固めた。

意外な？ひみつ

◆健康志向で食生活は質素

　天ぷらの食べ過ぎで死んだといわれる家康だが、ふだんは麦めしなど体に良いものばかりを食べていた。健康には人一倍気を使い、自分で漢方薬をつくっていたとも伝わる。現代よりも平均寿命がかなり短かった江戸時代に、家康が75歳まで長生きできたのも納得だ。

江戸時代 ▶ 徳川家康

137

ふりがな	とくがわ　いえみつ	別名 **竹千代**（幼名）
氏名		出身地

徳川 家光

[将軍]

生没年 1604〜1651年	亡くなった年齢 48歳

出身地
江戸（今の東京都）

主な拠点
江戸（今の東京都）

略歴

江戸幕府の第3代将軍。1635年に定めた武家諸法度に参勤交代を加えた。これにより、大名が1年交代で国元と江戸を行き来することや、妻子を人質として江戸に住まわすことが始まり、大名の力が弱まった。対外政策では、キリスト教を禁止し、貿易は中国船とオランダ船だけに許して外交を独占した。この体制はのちに「鎖国」とよばれた。〔父〕徳川秀忠〔母〕江

最強 エピソード

将軍になることが決まっていた！

祖父は江戸幕府初代将軍の徳川家康。家康の子で、家光の父・秀忠は第2代将軍。江戸時代は1603年からなので、1604年に生まれた家光は、祖父や父と異なり生まれたときにすでに江戸幕府の将軍職につくことが約束されていた。第3代将軍になったときに、大名や家来たちの前で「自分は生まれながらにして将軍である」と宣言したといわれる。参勤交代を定め、大老、老中といった役職を置くなど、幕府の政治の基盤をつくった。

意外な？ひみつ

◆将軍になれたのは家康と乳母のおかげ

生まれながらの将軍である家光だが、両親は弟ばかりをかわいがった。家光の将来が心配になった乳母（母親の代わりに子どもを育てる女性）の春日局は、駿府城（静岡県）にいた家康にうったえ、家康が家光を将軍にすると決めた。祖父と乳母の力は大きかったのだ。

JINBUTSU ▶ 江戸時代 — 徳川家光

ふりがな	あまくさ　しろう		別名	益田四郎時貞(本名)
氏名			出身地　※諸説ある	

天草 四郎

[武士]

		出身地　※諸説ある 肥後国(今の熊本県)
生没年 1623年ごろ〜1638年	亡くなった年齢 不明	主な拠点 肥前国(今の長崎県)

略歴

　父はキリシタン大名小西行長の家来で、四郎も幼いころにキリスト教に入信した。1637年に島原・天草で一揆(農民の反乱)が起こると、3万人をこえる農民たちの総大将となり、島原半島の原城跡に立てこもった。江戸幕府は一揆をしずめるため12万人をこえる大軍を送った。4か月の戦いの末、四郎は首を討ち取られた。

最強 エピソード

「神の子」のもとで一致団結!

　天草四郎にはいろいろな伝説が残っている。四郎の手にとまったハトがその上で卵を産んで、卵の中から神の教えを書いた紙が出てきた話や海の上を歩いたという話などだが、もちろん確証はない。苦しい戦いを続ける、3万人をこえたともいわれる農民ら一揆軍の気持ちをひとつにまとめる上で、こうした奇跡を起こすことができる「神の子」の神話が必要だったのだろう。総大将になったとき、四郎は16歳だったという。

意外な？ひみつ

◆ひだひだの襟

　四郎を描いた絵などでよく見られるひだひだの襟は文字どおり「ひだ襟」といって、16世紀にヨーロッパで流行していたものだ。南蛮貿易を通して、日本に入ったと思われる。ひだ襟は着物にぬいつけてあるわけではなく、取り外しができた。

ふりがな	はせくら つねなが
氏名	# 支倉 常長
	[武将]
生没年	1571〜1622年
亡くなった年齢	52歳
別名	六左衛門長経
出身地	出羽国（今の山形県）

略歴

仙台藩（今の宮城県）の伊達政宗に仕えた武将。政宗の命令で、メキシコとの直接貿易を実現するため慶長遣欧使節団を率いて北アメリカやスペインを経由し、イタリアのローマへわたった。ローマ教皇のパウルス5世（パウロ5世）にも会ったが、そのときはすでに江戸幕府がキリスト教を禁止していたため、目的を果たせないまま日本に帰国した。

最強エピソード

ローマにたどり着き、ローマ教皇と会う

江戸幕府成立後、常長は政宗に命じられ、ヨーロッパやキリスト教の文化を仙台藩に持ちこむために日本を出発した。暴風で命が危なくなりながらもローマにたどり着き、ローマ教皇のパウルス5世とも会うが、幕府の取りしまりが厳しくキリスト教の文化を持ち帰ることはできなかった。スペインの港町には現在でもハポン（日本）という名字の人びとが住むなど、常長一行の足あとが残っている。

意外な？ひみつ

● 油絵が残っている　● 鼻水をかんだ和紙が貴重品に！

常長の姿を描いた油絵が残っており、日本人を描いた油絵としてはかなり古いものである。また、ヨーロッパでは鼻水はハンカチや手でかむのがふつうだったので、常長らが和紙でかんでその紙を捨てると、人びとはめずらしがってその紙を求め合ったという。

江戸時代―支倉常長

ふりがな	とくがわ　つなよし	別名	犬公方(あだ名)
氏名	**徳川 綱吉**	出身地	江戸(今の東京都)

[将軍]

生没年	1646〜1709年	亡くなった年齢	64歳	主な拠点	江戸(今の東京都)

略歴

江戸幕府の第5代将軍。儒教(中国の孔子の教えを学ぶ学問)を重んじ、中でも身分のちがいを重視する朱子学を学んだ。孔子をまつる「聖堂」を江戸湯島(今の東京都文京区)に建て、武力で人民を治めるのではなく、学問にもとづく文治政治をおこなった。貨幣にふくまれる金銀の量をへらして幕府の収入を増やそうとしたが、人びとの生活は苦しくなった。

最強 エピソード

動物愛護が悪政に！

綱吉が動物愛護令である生類憐みの令を出した理由は諸説あり、命の大切さを人びとにすすめるためという説もある。ただ、それがあまりに極端だったことから、この法令は江戸の人びとを苦しめた。綱吉が戌年うまれだったことから、特にイヌが大切にされた。江戸中の野犬を集めて保護する施設を建てるために特別な税が課せられ、イヌを殺した人が死罪や島流しになった。綱吉が亡くなるとこの法令は廃止された。

意外な？ひみつ

◆七五三の始まり!?

子どもの成長を祝う七五三は、綱吉が子の徳松の成長を祝ったことから広まったという説がある。祝うにはどの日がよいかを家来が調べたところ、15日がよかったらしい。今の時代に11月15日ごろを中心に七五三がおこなわれるのは、その名残だといわれている。

江戸時代 ▶ 徳川綱吉

ふりがな	ちかまつ　もんざえもん
氏名	

近松 門左衛門

[作家]

生没年	1653〜1724年	亡くなった年齢	72歳

別名	杉森信盛（本名）
出身地	越前国（今の福井県）
主な拠点	京都（今の京都府）

略歴

人形浄瑠璃（三味線伴奏の浄瑠璃に合わせての人形劇）と歌舞伎（芝居と踊りと音楽で演じる芸能）の脚本作家。越前の武家出身だが、京都で働いたのち、仏教や日本の古典について学んで人形浄瑠璃の脚本を書くようになった。その後、歌舞伎の脚本も書いた。『曾根崎心中』『冥途の飛脚』『国性爺合戦』など数かずの作品がある。

最強エピソード

多くの作品を残した人気脚本作家！

人形浄瑠璃の脚本は、歴史や伝説をもとにした「時代物」と、人びとの暮らしに脚色を加えた「世話物」に大きく分けられる。近松門左衛門が書いた時代物は『国性爺合戦』、世話物では実際の心中事件を題材にした『曾根崎心中』が大人気となった。『曽根崎心中』が流行すると江戸（今の東京都）でも大坂（今の大阪府）でも心中をする人が増加したため、幕府は上演を禁止した。

意外な？ひみつ

◆さまざまな説がある「近松門左衛門」の名前の由来

「杉森信盛」という本名と似ても似つかない「近松門左衛門」という名前の由来はいくつかあるが、近江国（今の滋賀県）の近松寺にちなむという説が有力だ。門左衛門が子どものころ、この寺で勉強していたという伝説があるという。

江戸時代 ▶ 近松門左衛門

ふりがな	おおいし よしお	別名	大石内蔵助（通称）

氏名

大石 良雄

[家老]

生没年 1659～1703年	亡くなった年齢 45歳

出身地
播磨国（今の兵庫県）

主な拠点
播磨国、江戸（今の東京都）

略歴

赤穂藩の筆頭家老（家来のトップ）の家にうまれ、21歳の若さで筆頭家老職を引きついだ。1701年3月14日、主君の浅野長矩が江戸城内で吉良義央を切りつける事件が起き、長矩は切腹、浅野家は取りつぶしとなった。幕府に浅野家の再興を願い出たがかなわず、納得のいかない大石良雄は1702年に同志46人（45人とも）と吉良の屋敷に討ち入りをした。

最強 エピソード

芝居で親しまれた、主君を思う心！

長矩が吉良を切りつけた事件は、元禄赤穂事件とよばれた。戦がなくなった江戸時代で忠臣（主君を思う家来）の熱い気持ちは民衆の心をつかみ、竹田出雲（2世）、三好松洛、並木宗輔によって人形浄瑠璃『仮名手本忠臣蔵』がつくられた。当時、事件をそのまま物語にすることは幕府によって禁止されていた。そこで物語の舞台は、南北朝時代の動乱を描いた物語『太平記』に移されている。初演は1748年。現代でもしばしば上演されている。

意外な？ひみつ

◆実はのんびり屋だった　◆「良雄」の読み方

同志を率いてみごと討ち入りを果たした良雄だが、実はのんびりとした性格で、「昼行燈」（昼間についている明かりのように間のぬけた、役に立たない人をいう）とよばれていた。主君の事件がなかったら、おだやかな一生を送ったかもしれない。「良雄」は本来、「よしたか」と読む。

江戸時代 ── 大石良雄

149

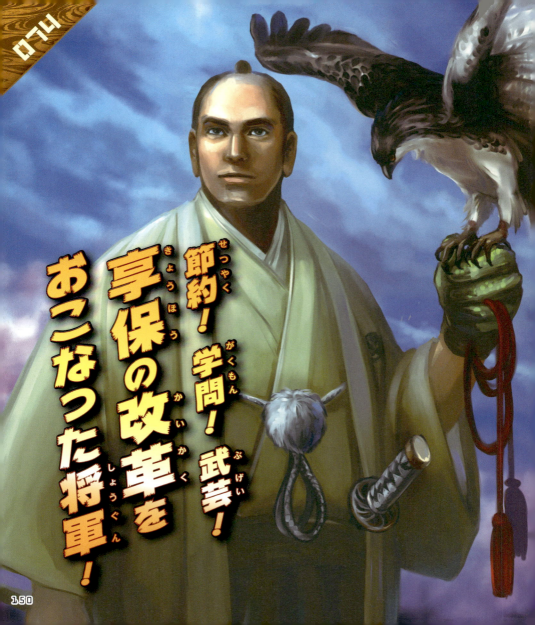

074

節約！学問！武芸！享保の改革をおこなった将軍！

ふりがな	とくがわ　よしむね	別名	源六（幼名）

氏名 徳川 吉宗

[将軍]

出身地
紀伊国（今の和歌山県）

主な拠点
江戸（今の東京都）

生没年 1684〜1751年	亡くなった年齢 68歳

略歴

　江戸幕府の第8代将軍。第7代将軍・徳川家継が8歳で亡くなり徳川本家の血筋がとだえたため、紀州藩主だった吉宗が将軍となった。当時、幕府にはほとんどお金がなく、財政立て直しのために享保の改革をおこなった。武士に武芸をすすめ、倹約令（ぜいたくを禁止する法律）を出し、目安箱の設置、新田開発、裁判の基準を書いた公事方御定書を定めるなどした。

最強 エピソード

まずは自ら手本を示す！

財　政立て直しのために節約を命じ、自らも食事は一日2食で質素なもの、衣服には木綿を使うなどした。将軍の妻や子が住む大奥にも節約を実行し、美しい女性を50人も追放した。この際、吉宗は「美人は働き口にも結婚相手にも困らないだろう」と言ったといわれる。この他、生活を安定させるために米の値段の調節に努め、目安箱で得た意見から庶民のための病院である小石川養生所をつくり、町の防火体制もつくった。

意外な？ひみつ

◆大男で力持ち　◆鷹狩が好き

　吉宗は体が大きくて、力が強かったという。鷹狩（飼いならしたタカやハヤブサなどを使って、野鳥をとらえる狩り）が好きで、よくおこなっていた。ある鷹狩のとき、突進してきたイノシシを鉄砲の一部で、なぐりたおしたという話が残っている。

JINBUTSU ▶ 江戸時代 —— 徳川吉宗

151

ふりがな	もとおり　のりなが	別名
氏名		富之助（幼名）

本居 宣長
[医者・国学者]

出身地 伊勢国（今の三重県）

生没年 1730〜1801年	亡くなった年齢 72歳

略歴

　医者をしながら国学（日本古来の考え方を、文学の研究を通して調べる学問）に打ちこんだ学者。のちに国学者の賀茂真淵のすすめで30年以上をかけて『古事記』の解説書である『古事記伝』（全44巻）を書いた。また『源氏物語』の解説書である『源氏物語玉の小櫛』（全9巻）や随筆『玉勝間』などを書き、国学を学問として完成させた。

最強エピソード

日本固有の文化を明らかに！

当時の日本が貿易をしていたのはオランダと清（中国）だけだったが、国外から入ってくる文化や情報によって、日本古来の文化や考え方の変化は続いていた。そこで、日本固有の文化や精神を見直そうと、研究に取り組んだ一人が宣長である。平安時代に紫式部が書いた『源氏物語』について、宣長は物語の本質は「もののあはれ」であると『源氏物語玉の小櫛』で書いている。

意外な？ひみつ

◆ 質素な書斎

　宣長の書斎（読み書きをする部屋）は自宅の中2階にあり、広さが4畳半しかない質素な部屋だった。この部屋に上がる階段は取りはずしができるようになっており、研究に集中できる環境が整えられていたという。書斎で昔の人びとを思って鈴を鳴らしたことから、書斎は「鈴の屋」ともよばれた。

江戸時代 — 本居宣長

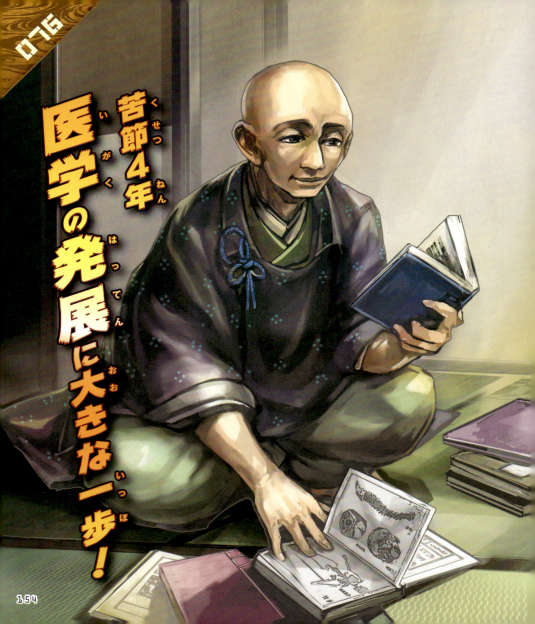

ふりがな	すぎた　げんぱく	出身地
氏名		江戸（今の東京都）

杉田 玄白

[蘭学者・医者]

生没年 1733〜1817年	亡くなった年齢 85歳

略歴

若狭国小浜藩（今の福井県小浜市）の医者の子として江戸で生まれ、町医者となる。罪人の死体の解剖を見学した際に見た人体の内部が、オランダ語の解剖書『ターヘル・アナトミア』の解剖図と同じであることにおどろき、『ターヘル・アナトミア』を日本語に訳すことを決意。1774年に『解体新書』を出版。のちにそのときの苦労を『蘭学事始』に書いた。

最強 エピソード

辞書もないなかでオランダ語を翻訳！

当時の日本の医療は、病人の体の外からの診察が中心で、体の中のつくりはわかっていなかった。玄白は前野良沢らと『ターヘル・アナトミア』の翻訳をはじめたが、良沢だけが短期間オランダ語を勉強しただけで、辞書もなく、完成までの4年間、非常に苦労をした。こうして出版された『解体新書』は日本初の西洋医学書で、蘭学の発展のきっかけとなり、日本の医学にも大きな影響をあたえた。

意外な？ひみつ

平賀源内と親しかった

玄白は、学問や芸術など多分野で才能を発揮した平賀源内と親しかった。罪をおかして牢の中で死んだ源内の葬式は玄白がおこなった。源内の墓には、「ああ常識とはちがう、すごい人よ。死ぬときくらいはふつうに畳の上で死んでほしかった」という意味の玄白の言葉が漢字できざまれている。

JINBUTSU ▼江戸時代 — 杉田玄白

155

ふりがな	いのう ただたか	出身地

氏名

伊能 忠敬

[測量家]

生没年 1745～1818年　　**亡くなった年齢** 74歳

出身地
上総国(今の千葉県)

略歴

商人をしていたが、やめて江戸（今の東京都）に移り、測量術などを学んだ。蝦夷地（今の北海道）および東日本の測量を江戸幕府に許可され、そののち7年間にわたり琉球（今の沖縄県）をのぞくほぼ日本全国の約4万kmを歩いて測量した。地図は忠敬の死後に弟子たちの手で完成した。現在の日本地図とほとんど同じ、正確なものだった。

最強エピソード

算数、商才、学問、そして測量へ！

幼いころから算数を得意とした忠敬は、養子に入った商家で才能を発揮し、家業は大いに栄えた。学問への志が高く、もっと勉強がしたい、と50歳で家業を息子にゆずり江戸に出て勉強を始める。幕府で天文方の仕事をしている高橋至時に入門し、天文学や西洋の測量術、地理などを学んだ。根気強く物事をきちんとおこなう性格は測量に適しており、商人時代にたくわえた豊かな財産を投入することもできた。測量はのちに幕府の事業となった。

意外な？ひみつ

◆地球の大きさ調べが第一歩　◆19歳下の師匠

忠敬は初めから地図づくりを目標にしていたのではなく、地球の大きさを知りたいと考えていた。その計算をするには、江戸と蝦夷地くらいはなれた2地点が計算しやすいと考えたが、幕府に無断で蝦夷地には行けず、地図をつくることを名目にした。なお、師匠の至時は、忠敬よりも19歳下だった。

JINBUTSU　江戸時代　伊能忠敬

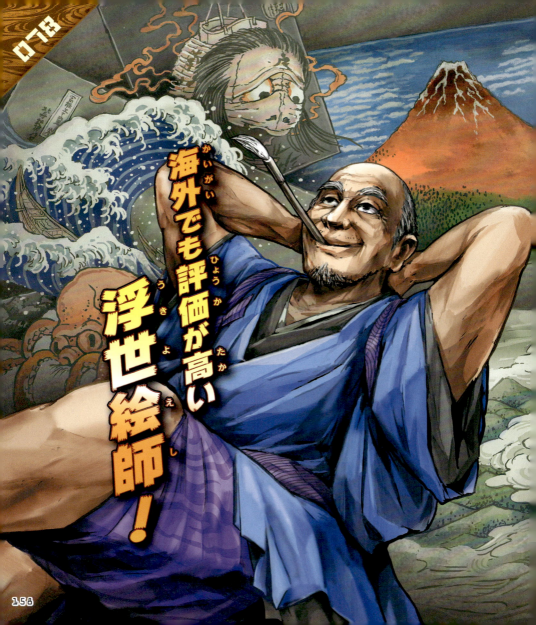

ふりがな	かつしか　ほくさい		別名	
氏名			鉄蔵（本名）	

葛飾 北斎

[浮世絵師]

		出身地	
生没年 1760〜1849年	亡くなった年齢 90歳	武蔵国葛飾	（今の東京都墨田区をふくむ地域）

略歴

　19歳のころから浮世絵を学び始め、その後日本画・西洋画・中国画のさまざまな技法をとり入れた独特の画風をつくり上げた。代表作の風景画「富嶽三十六景」は、その力強い線と他の人が思いつかないような構図と色づかいで、西洋の画家にも大きな影響をあたえた。絵手本の画集である『北斎漫画』も有名である。

最強 エピソード

世界的に有名な浮世絵師！

　北斎の絵は、北斎が生きているころから海外で知られていたが、より広く知れわたったのは、1867年のパリ万博で起こったジャポニスム（日本文化ブーム）だった。画家のゴッホ、セザンヌ、作曲家のドビュッシーをはじめ、版画家やガラス工芸家にも大きな影響をあたえたという。現在でも世界的に高く評価され、1999年には、アメリカの雑誌で「この1000年でもっとも偉大な業績を残した100人」として日本人でただ一人選ばれている。

意外な？・ひみつ

◆ 名前の由来は出身地　◆ 引っこし男

　北斎は、出身が武蔵国葛飾だったことから葛飾を名のった。また、部屋がよごれるたびに引っこしをしていて、90年近い人生で90回以上引っこしたという。しかも引っこし先のほとんどが墨田区内だった。最後の家は、かつて住んだことのある家だったらしい。

JINBUTSU ▶ 江戸時代 ── 葛飾北斎

歌川 広重

ふりがな：うたがわ ひろしげ
[浮世絵師]

生没年 1797〜1858年
亡くなった年齢 62歳
別名 安藤重右衛門（本名）
出身地 江戸（今の東京都）

略歴

浮世絵師の歌川豊広の弟子になり、はじめは役者絵や美人画を描いていた。やがて葛飾北斎を意識して、風景画を描くようになったという。「東海道五十三次」が大人気となり、その他にも「近江八景」（近江は今の滋賀県）、「名所江戸百景」など、数かずの名作を残している。

最強エピソード
迫力のある広重の青！

ヨーロッパでジャポニスム（日本文化ブーム）が起こると、広重の絵は日本国内にとどまらずゴッホやモネらヨーロッパの画家たちにも強い印象をあたえた。広重が水や空を描くのに使ったあざやかな青（藍色）は「ヒロシゲブルー」とよばれている。もとはヨーロッパの絵の具（ベロ藍）だが、青を好む画家は多く、青を自在に使いこなした広重に対する敬意もこめられているといわれる言葉だ。

意外な？ひみつ
▶狩野永徳の家の近所に住む

江戸時代の古い地図を見ると、広重の家と、安土桃山時代を代表する画家・狩野永徳の家が並んでいる。正しくは永徳の子孫である、江戸時代の狩野派の家だ。広重は豊広に入門する前に永徳の画風を学んでいた。そのため、好んで近所に住んだといわれている。

江戸時代 — 歌川広重

ふりがな	おおしお　へいはちろう	出身地
氏名		大坂(今の大阪府)

大塩 平八郎

[武士・学者]

生没年 1793〜1837年	亡くなった年齢 45歳

略歴

大坂町奉行所の役人の子としてうまれ、自身も大坂町奉行所与力（下級役人）をしていた。陽明学（行動や実践を重んじる学問）を学び、「洗心洞」という塾を開いた。天保の飢饉の際、苦しむ人びとを救うように奉行所に申し入れたが聞き入れられず、人びとを救うため、1837年に弟子などとともに反乱を起こした（大塩の乱）。

最強 エピソード

農民ではなく、武士による反乱！

飢饉の際、人びとに自らの財産を分けあたえたが、人びとを助けるにはまったく足りなかった。そのため、陽明学の教えに従い、「救民」の旗をかかげて反乱を起こした。反乱は半日でしずめられたが、農民ではなく、江戸幕府の役人をつとめたことがある武士が幕府直轄の大都市で反乱を起こしたことは、幕府に大きな衝撃をあたえた。これにより、各地で大塩の弟子を名のる人びとによる反乱が起きた。

意外な？ひみつ

◆自分にも他人にも厳しい

平八郎は、人を救いたいという優しい気持ちの持ち主でありながら、自分にも他人にも非常に厳しかった。午前2時に起きて武芸のけいこをしていた。また、塾の講義でも厳しく、門人たちはピリピリして、とても平八郎と目を合わせられなかったという。

江戸時代 ― 大塩平八郎

ふりがな　よしだ　しょういん

氏名
吉田 松陰
[思想家・教育者]

出身地
長門国（今の山口県）

生没年 **1830〜1859年**

亡くなった年齢 **30歳**

略歴

　長州藩出身。幼少から勉学にすぐれ、江戸に出て海外に目を向けるが、幕府は日本人が海外へ行くことを禁止していた。1854年、日本の開国を求めて来航していたアメリカの船に乗りこもうとして失敗。自首してとらえられるが、のちに許され、故郷の萩（山口県）で松下村塾を開き、若者の教育にあたった。やがて老中暗殺を計画してとらえられ、処刑された。

最強 エピソード

人材を育て、次の時代へつなぐ！

　松下村塾は、当時としてはめずらしく身分に関係なく入ることができ、師（先生）と弟子（生徒）の立場をこえて、意見を交換しあっていた。松陰自身が松下村塾で教えていたのはわずか2年あまりだが、松陰に学んだ人物は多く、奇兵隊をつくった高杉晋作や、明治時代に初代内閣総理大臣となった伊藤博文、陸軍の最高指導者となった山県有朋などが弟子である。これらの人物は、幕末から明治時代にかけて重要な役割を果たした。

意外な？ひみつ

◆旅行のために脱藩した

　友人と東北地方へ旅行しようと、長州藩に通行手形（旅行許可証）の発行を申し入れていた。しかし、手形の発給がおくれ、約束した出発日が守れなくなった。そこで、予定通りに出発するために、松陰は長州藩を脱藩（藩からぬけること）した。

JINBUTSU ▶ 江戸時代 — 吉田松陰

ふりがな たかすぎ しんさく

氏名

高杉 晋作

[志士]

出身地
長門国（今の山口県）

生没年 1839〜1867年　　**亡くなった年齢** 29歳

略歴

　長州藩（今の山口県）の志士。江戸幕府が開国すると、開港地では外国人との貿易が始まった。そのような中、晋作は攘夷論（外国勢力を打ちはらおうとする考え）をとなえ、奇兵隊を組織。1862年に江戸（今の東京都）の品川にあったイギリス公使館を焼き打ちした。やがて江戸幕府をたおすこと（倒幕）を目指すようになったが、達成目前で病死した。

最強エピソード

攘夷から倒幕へ！

　晋作は、中国の上海で中国人が西洋人に厳しく労働させられているのを見て、開国後の日本の将来もこうなるのではないかと危機感をもち、攘夷論をとなえるようになった。帰国後、下関（今の山口県）で奇兵隊（武士の他、農民や町人など身分を問わず参加を認めた軍隊）をつくった。1863年、イギリス・フランス・アメリカ・オランダの連合軍の攻撃によって、下関の砲台を占領されたことで攘夷の不可能を知ってからは倒幕運動に力を入れた。

意外な？ひみつ

◆幼いころから負けん気が強い　◆三味線

　幼いころに正月に凧を上げていたところ、通りかかった武士に凧をこわされた。そのまま通りすぎようとする武士に激怒し、最後には土下座させたという。一方で、風流を愛し、いつも三味線を持ち歩いていた。組立式の三味線「高杉晋作所用道中三味線」が、下関市立東行記念館に所蔵されている。

ふりがな	かつ　かいしゅう		別名	
氏名	# 勝　海舟	[幕臣]	麟太郎（幼名）	
生没年	1823～1899年	亡くなった年齢 77歳	出身地	江戸（今の東京都）

略歴

日米修好通商条約（1858年締結）の手続きでアメリカへ向かう使節団を守る軍艦・咸臨丸の艦長として、日本人艦長で初めて太平洋横断に成功した。帰国後は、江戸幕府の海軍創設や人材を育てることに力をつくした。戊辰戦争（大政奉還後の1868～69年に起きた旧幕府軍と新政府軍との戦い）の際に、新政府軍の西郷隆盛と話し合い、江戸城無血開城を果たした。

最強エピソード

西郷隆盛を説得し、江戸を守った！

旧幕府側の最高責任者であった海舟は、新政府軍との戦いを極力さけ、江戸の町と民衆を戦乱から守ろうとした。万が一の場合は民衆をにがすように準備し、新政府を支持していたイギリスには、戦争中止を新政府に働きかけるよう説いた。そうした上で、3月15日の江戸城総攻撃の2日前と前日に新政府軍の代表である西郷隆盛を訪ね、攻撃をやめるよう説得した。これにより攻撃は中止され、血を流すことなく江戸城はあけわたされた。

意外な？ひみつ

◆ 正直に答えて「無礼者！」としかられた

アメリカから帰国したとき、老中（幕府の要職）がアメリカの感想を海舟にたずねた。だれに対しても思ったことをそのまま言う海舟は、「アメリカでは、政府でも民間でも人の上に立つ者はそれ相応に利口でした。そこが、日本とちがっていました」と答えた。老中は「無礼者！」と言ったという。

江戸時代 ― 勝海舟

ふりがな	さかもと　りょうま	別名	才谷梅太郎（変名）

氏名 坂本 龍馬

[志士]

出身地 土佐国（今の高知県）

生没年 1835〜1867年　**亡くなった年齢** 33歳

主な拠点 土佐国・京都・長崎

略歴

当初は尊王攘夷（天皇を敬い、外国勢力を打ちはらおうという考え）をおし進めていたが、勝海舟に出会い、開国に向かった。海舟に航海術などを学んだ後、長崎の亀山に貿易をおこなう亀山社中（のちの海援隊）をつくり海運業を始めた。1866年に薩長同盟を成立させ、翌年、大政奉還（政権を天皇に返すこと）を実現させたが、その1か月後、京都で暗殺された。

最強エピソード

藩のわくをこえた、日本の将来を描く！

「ヨーロッパやアメリカが日本にせまっているのに、日本人どうしで争っている場合ではない」と考えた龍馬は、対立していた薩摩藩（今の鹿児島県）と長州藩（今の山口県）が手を結ぶ仲立ちをして、1866年に薩長同盟が成立。幕府をたおす勢いは加速した。薩摩藩と長州藩は武力での倒幕を目指したが、龍馬は内戦を防ぐため、大政奉還をふくむ船中八策という8つの政策案を、土佐藩主山内容堂を通じて第15代将軍徳川慶喜に提案した。

意外な？・ひみつ

◆竹ざおでつられて泳ぎの訓練

幼いころ龍馬が通っていた道場では水泳の時間があった。龍馬を泳げるようにしたかった姉の乙女は、はだかの龍馬の体になわをまき、そのなわと竹ざおにつけたなわをつないで、龍馬を川に放りこんだ。おぼれそうになると、乙女が竹ざおを引っぱるのだ。こうして、龍馬は水泳が得意になった。

江戸時代──坂本龍馬

ふりがな	こんどう　　いさみ	別名	勝五郎・勝太（幼名）

氏名 近藤 勇

[武士・新選組]

出身地 武蔵国（今の東京都）

生没年 1834〜1868年　　**亡くなった年齢** 35歳

主な拠点 京都

略歴

　京都で尊王攘夷派（天皇を敬い、外国勢力を打ちはらおうという考えの人びと）をきびしく取りしまった新選組局長。大政奉還のあと襲撃され、1868年の鳥羽・伏見の戦い（京都で新政府軍と旧幕府軍が戦った戊辰戦争の最初の戦い）のときは、大坂城で治療を受け、戦の指揮をとることができなかった。こののち江戸にもどるが、とらえられて処刑された。

最強 エピソード

尊王攘夷派を取りしまった新選組局長！

　新選組はもともとは第14代将軍徳川家茂を護衛する浪士組だった。それが幕府に逆らう尊王攘夷派を取りしまる壬生浪士組となり、そののち新選組となった。勇は新選組の局長として、過激派がふるえあがるほど強力な治安部隊をつくり上げる。江戸幕府に忠誠をつくし、1864年の池田屋事件では、京都の旅館・池田屋に集結した長州藩（今の山口県）志士とその他の藩の尊王攘夷派の志士を襲撃し、斬殺した。

意外な？ひみつ

◆うまれは農家　◆武士以上の武士に

　勇は武蔵国多摩郡の農家のうまれ。剣術の稽古に通っていた道場「試衛館」の師の養子になり、近藤を名のることになった。武家出身ではないため、「武士以上の武士でありたい」という気持ちが強かったという。

JINBUTSU ▶ 江戸時代 ─ 近藤 勇

ふりがな	とくがわ よしのぶ	別名	松平七郎麿(幼名)
氏名	**徳川 慶喜**	出身地	江戸(今の東京都)
	[将軍]	主な拠点	京都
生没年	1837～1913年	亡くなった年齢	77歳

略歴

江戸幕府の第15代将軍。江戸小石川の水戸藩邸でうまれ、第13代・14代将軍のあとつぎ候補になり、1866年に第15代将軍となった。倒幕の動きが高まると、1867年に大政奉還をおこない、260年余り続いた江戸幕府はほろびた。江戸城をあけわたすと水戸（茨城県）で謹慎し、のちに駿府（静岡県）に移った。明治時代後半に東京に移り住み、1913年に亡くなった。

最強エピソード

江戸幕府にピリオドを打つ決断……！

慶喜の時代は、幕府も各藩も財政が厳しく、外国からの圧力もあり、幕府は最大の危機にさらされていた。慶喜は幕府の力を回復させるために軍隊の改革などをおこなったが、倒幕派の勢いは止められなかった。大政奉還後、幕府に代わる新政権の中で主導権をにぎろうとしたが、王政復古の大号令で天皇中心の政治にもどることが宣言され、さらに官職や領地を返上させられ、望みはかなわなかった。

意外な？ひみつ

◆多趣味

明治時代になり江戸を出たあと、慶喜は駿府に移り住んだ。駿府での落ち着いた生活が始まると、写真、油絵、狩り、サイクリング、将棋、碁、刺繍、弓道、能楽、さらに菓子づくりもした。腕前はプロ級で、日本橋（東京）の銘板（金属板）の文字は慶喜が書いたものである。新聞や本も読んでいたそうだ。

幕末の日本

おもなできごと

年		できごと
1853年	日本の開国	アメリカの使節・ペリーが浦賀（神奈川県）にきて開国をせまる
1854年		ペリーが再び来航。 **日米和親条約を結ぶ** 下田（静岡県）と箱館（北海道。今の函館）を開港。
1858年	尊王攘夷運動の展開	**日米修好通商条約を結ぶ** 箱館（北海道）、横浜（神奈川県）、長崎、新潟、神戸（兵庫県）を開港。 **安政の大獄** 尊王攘夷運動の高まりをおそれ、幕府の大老・井伊直弼が開国に反対する大名や武士、公家らを処分した。吉田松陰が死罪になる。
1860年		**桜田門外の変** 井伊直弼が江戸城の桜田門外で暗殺された
1862年		**生麦事件** 薩摩藩主島津茂久の父・島津久光の行列を馬に乗ったまま横切ったイギリス人を、薩摩藩士が殺傷した
1863年		**薩英戦争** 薩摩藩とイギリスが戦う
1864年	倒幕運動が進む	**下関戦争** 四か国連合艦隊が外国船砲撃の報復として下関を砲撃する
		薩摩：西郷隆盛、大久保利通らが薩摩藩の実権をにぎる　　長州：高杉晋作、桂小五郎（木戸孝允）らが長州藩の実権をにぎる
1866年		**薩長同盟が結ばれる** 坂本龍馬らが仲立ちをした
1867年		**大政奉還** 江戸幕府第15代将軍・徳川慶喜が政権を返上した **王政復古の大号令** 天皇中心の政治にもどし、幕府を廃止することが宣言され、江戸幕府はほろびた
1868年		**戊辰戦争**が始まる

> 不平等な内容（※）の条約だった

> 幕府が朝廷の許しを得ないまま通商条約を結んだことで、天皇を尊ぶ**尊王論**が高まった。また、外国勢力を打ちはらおうとする**攘夷論**も高まる。
→ **尊王攘夷論**

> 薩摩：攘夷は不可能だ →**倒幕へ**

> 長州：攘夷は不可能だ →**倒幕へ**

※日本で罪をおかした外国人を日本の法律でさばくことができず、輸入品の関税率を自主的に決める権利がなかった

開国から尊王攘夷論が高まり、そして倒幕へ。
幕末のおもな流れを見てみましょう。

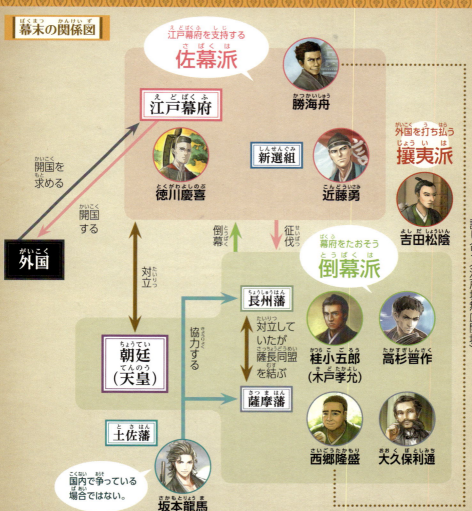

ふりがな	めいじてんのう		別名	睦仁(名) 祐宮(称号)
氏名				

明治天皇

[天皇]

生没年	1852〜1912年	亡くなった年齢	61歳

出身地
京都(今の京都府)

在位
1867〜1912年

略歴

第122代天皇。1867年、王政復古の大号令で天皇中心の政治にもどすことを宣言し、1868年に五箇条の御誓文(明治政府の政治の基本方針)を示した。江戸城を皇居とし、東京へ移り住んだ。大日本帝国憲法や教育勅語の発布をへて、明治政府が目指した中央集権国家の最高権力者として、近代天皇制を確立させた。〔父〕孝明天皇

最強 エピソード

日本の新時代は、立憲君主制で幕開け！

1866年に孝明天皇が急に亡くなったため、翌年16歳で天皇になり、明治時代の重要な国務を指揮した。大日本帝国憲法において天皇に属する権限が示され、明治天皇は日本史上初の立憲君主(憲法に従って君主である天皇が政治をおこなうこと)になった。1894年に始まった日清戦争、1904年の日露戦争での勝利によって国家元首としての天皇の威厳はますます高まった。

意外な？・ひみつ

◆ 和歌を好んだ

和歌は5・7・5・7・7の31音から成る、日本独特の詩。明治天皇は子どものころから和歌をたいへん好み、8歳くらいから和歌をつくっていた。歌会もよく開いたようだ。幼いころから亡くなるまでの間に、全部で9万3000首あまりの和歌をつくっている。

ふりがな	さいごう　たかもり	別名 小吉（幼名）

西郷 隆盛

[志士・政治家]

生没年 1827〜1877年　　**亡くなった年齢** 51歳

別名 小吉（幼名）

出身地 薩摩国（今の鹿児島県）

主な拠点 江戸（今の東京都）・薩摩国

略歴

薩摩藩の下級武士の家にうまれた。対立していた長州藩と薩長同盟を結んで、幕府をたおし、新しい政府づくりを目指した。明治政府で重要な役職をつとめたが、征韓論（武力で朝鮮を開国させようとする考え）で大久保利通らと対立し、政府を去った。鹿児島に帰り、1877年の西南戦争で政府軍と戦った。

最強エピソード

義を重んじ、したわれた！

義とは、人としてとるべき正しい道のことである。隆盛は、自分を取り立ててくれた薩摩藩主の島津斉彬が亡くなると、後を追って自分も死のうと海に身を投げた。そして、新しい藩主に逆らってでも信念を通し、奄美大島（鹿児島県）に島流しとなった。人の話には耳をかたむけ、細かいことにこだわらない性格が多くの人にしたわれ、新しい時代への変わり目に欠かせない人材だった。

意外な？・ひみつ

◆隆盛流ダイエット　◆大久保利通と幼なじみ

東京都の上野公園に隆盛がイヌを連れている像がある。散歩のようにも見えるが、このイヌは狩りに使うイヌである。隆盛は食欲旺盛で肥満体だったため、医者からダイエットをするよう言われており、実は狩りをして動き回っていたというわけだ。大久保利通は、同じ薩摩国出身の幼なじみだ。

明治時代以降 — 西郷隆盛

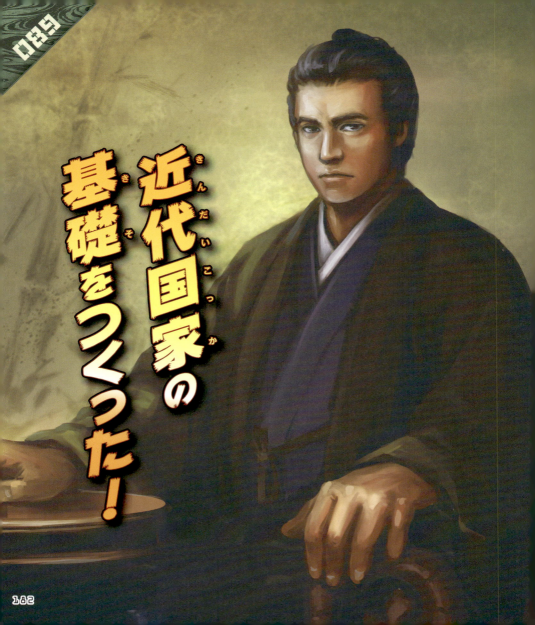

ふりがな	きど たかよし	別名	桂小五郎(旧名)

木戸 孝允

[志士・政治家]

出身地
長門国(今の山口県)

主な拠点
長州(今の山口県)・東京

生没年 1833〜1877年	亡くなった年齢 45歳

略歴

　長門国の医者の家にうまれる。高杉晋作らとともに長州藩を倒幕へと導き、薩長同盟を成立させ、江戸幕府をたおした。明治政府では版籍奉還（土地と人民を朝廷に返すこと）や廃藩置県（藩を廃止して府県を置くこと）を進めた。西郷隆盛・大久保利通とともに、明治維新の三傑といわれる。

最強エピソード

薩長同盟での長州藩の代表者

　京都にいて天皇を敬う側にいたが、長州藩が朝敵（天皇の敵）になったため、京都を出て郷里に帰った。その後、土佐の坂本龍馬、中岡慎太郎の仲立ちで、薩摩藩の西郷隆盛、大久保利通と薩長同盟を結んだ。話し合い担当だが武術がへたというわけではなく、江戸（今の東京都）の道場で稽古を積んでいる。それでも刀をぬかずに事にのぞむ冷静さは、明治政府でも重宝されたといえる。

意外な？・ひみつ

にげる、かくれる、ひそむ

　冷静で温和だった孝允は、殺されそうな状況のときに、「腹が痛いから」と便所にかけこんだり、町人の姿になって身をかくしたりして、危機をさらりとかわしていた。木戸孝允と名のる前の名前である「桂小五郎」から、「にげの小五郎」というあだ名もある。

JINBUTSU ▶ 明治時代以降──木戸孝允

ふりがな	おおくぼ　としみち	別名 **正助、一蔵**（通称）

大久保 利通

[志士・政治家]

生没年 **1830〜1878年**	亡くなった年齢 **49歳**

出身地
薩摩国（今の鹿児島県）

主な拠点
薩摩国・東京

略歴

　薩摩藩の下級武士の家にうまれた。西郷隆盛とともに倒幕運動を進め、岩倉具視らと江戸幕府をたおした。明治政府で重要な役職につき、版籍奉還（土地と人民を朝廷に返すこと）や廃藩置県（藩を廃止して府県を置くこと）をおこなった。富国強兵を目指し、税制の改正や産業発展のために力をつくした。1878年、新政府に反発する士族たちによって暗殺された。

最強エピソード

国の発展を第一に、次つぎと政策を実行！

　岩倉具視を全権大使とする岩倉使節団に加わりヨーロッパとアメリカの視察から帰国した後は、富国強兵（国を富ませ、強い軍隊をつくること）を目指し、次つぎと強力な政策を実行に移した。財政面では地租改正（土地の値段によって税を現金で納めさせること）を本格的におし進め、群馬県に政府が経営する工場の富岡製糸場をつくらせるなど殖産興業（新しい産業を育てること）も進め、国の発展を目指した。

意外な？ひみつ

◆洋装が大好き　◆西郷隆盛と幼なじみ

　岩倉使節団に加わって海外を見てきたからか、利通はいつも洋服を着て、西洋風な暮らしを好んだようだ。洋装の写真がたくさん残っており、ひげを生やしてすました顔をしているものが多い。同じ薩摩国出身の西郷隆盛とは子どものころから仲が良かった。

ふりがな	ふくざわ　ゆきち	出身地	大坂（今の大阪府）
氏名	**福沢 諭吉** [思想家・教育者]	主な拠点	東京
生没年	1834〜1901年	亡くなった年齢	68歳

略歴

長崎や大坂で学び、1860年には勝海舟に従って咸臨丸でアメリカにわたる。ヨーロッパも回り、『西洋事情』でヨーロッパの社会制度や文化を紹介した。慶應義塾（今の慶應義塾大学）をつくり、洋学の門戸を開き多くの若者を教育した。欧米の自由や平等などの思想を日本に紹介した『学問のすゝめ』は大ベストセラーとなった。

最強エピソード

学ぶことが人と国を大きくする！

貧しい子ども時代だったが、勉学と武芸にはげんだ。緒方洪庵が開いた大坂の適塾では蘭学（オランダ語を通して、ヨーロッパの文化などを学ぶ学問）をはじめ化学、工芸、物理などの学問を学んだ。帰国後はより広い視野に立ち、教育の必要性を書物を通して民衆へ熱心に説き、広げた。自由で平等な社会をつくるために力をつくし、『学問のすゝめ』は板垣退助らが起こした自由民権運動にも大きな影響をあたえた。

意外な？ひみつ

カレーライス

諭吉が欧米から日本に紹介したのは思想だけではない。今の日本ではだれもが知っているカレーライスの「カレー」について、アメリカから帰国して出版した和英辞典で調理法を紹介している。ただし当時の諭吉が実際にカレーライスを見たり、食べたりしていたのかはわかっていない。

明治時代以降 ─ 福沢諭吉

ふりがな	おおくま　しげのぶ		別名 **八太郎**(幼名)

大隈 重信

[政治家]

生没年	1838〜1922年	亡くなった年齢 **85歳**

出身地
肥前国(今の佐賀県)

主な拠点
東京

略歴

　肥前藩鍋島家の武士の家にうまれた。明治政府の役人になり、日本の近代化を進めた。議会（国会）開設をめぐって伊藤博文らに政府を追放されたが、1882年に尾崎行雄、犬養毅と立憲改進党を結成し、党首となる。1898年には板垣退助と日本初の政党内閣（多数をしめる政党で構成する内閣）を組織。その後、一時政界を退くも、大正時代に再び内閣総理大臣になった。

最強 エピソード

財政を担当し、のちに内閣総理大臣に！

　明治政府で地租改正（土地の値段によって税を現金で納めさせること）や酒造税（酒類にかけられる税金）の改革を進め、鉄道や電信を全国に広げ、銀行をつくるなど日本の近代化を進めた。重信はイギリス流の政治を目指して早い時期の議会開設を主張し、急進派の伊藤博文らと対立して政府を追放された。立憲改進党をつくったのちに板垣退助らと憲政党をつくり、これが日本初の政党内閣の母体となった。

意外な？・ひみつ

◆伊藤博文をライバル視　◆早稲田大学の創始者

　3歳下の博文とはライバルだった。1882年に東京専門学校（今の早稲田大学）を開校した際、式典に来た博文が「学校をつくるなんて、僕にはとうていできない」とあいさつをすると、重信はうれしそうな顔をしたという。博文が暗殺されると、はなばなしい死に方をうらやんだといわれている。

ふりがな	いたがき　たいすけ
氏名	**板垣 退助** [政治家]
生没年	**1837〜1919年**

別名	**乾**(旧姓)
出身地	**土佐国**(今の高知県)
主な拠点	**東京**

亡くなった年齢 **83歳**

略歴

　明治政府で政治改革を進めた。西郷隆盛とともに、「日本はアジアの中で優位にあるべきだ」と征韓論を主張したが、大久保利通らと対立して政府を去った。1874年、国会の開設を求めた意見書（民撰議院設立建白書）を政府に提出し、自由民権運動を始めた。1898年には大隈重信と日本初の政党内閣（多数をしめる政党で構成する内閣）をつくった。

最強 エピソード

政府内から農民まで、志は各地に広がる！

政府を去ったあと、故郷の高知に帰って政治団体の立志社を、1875年には議会開設を求める組織・愛国社をつくった。運動には地主や農民も加わるようになり、税金引き下げや国会開設を望む運動として全国各地に広がった。政府は厳しくとりしまったが、おさえきれなくなり、1881年に10年後の議会開設を約束した（国会開設の勅諭）。退助には政府から強い圧力がかかる一方、演説中にナイフを持った男におそわれたこともあった。

意外な？・ひみつ

◆ 100円札とひげ

　50年くらい前まで使われていたお金の100円札には、退助の肖像が描かれていた。お札に退助の肖像画が使われた理由は、りっぱな「ひげ」だった。にせ札を防ぐために、退助のひげが重要だった。退助のひげの1本1本をまねて描くのは困難で、にせ札はほとんどつくられなかった。

JINBUTSU ▶ 明治時代以降——板垣退助

ふりがな	いとう　ひろぶみ		別名 利助、俊輔

氏名

伊藤 博文

[政治家]

生没年 1841〜1909年	亡くなった年齢 69歳

出身地
周防国（今の山口県）

主な拠点
東京

略歴

長州藩最下層の士分出身。松下村塾で学んだ。明治政府で財政政策や殖産興業（新しい産業を育てること）などに力をつくし、日本の近代化を進めた。1885年に日本初の内閣を組織し、初代内閣総理大臣となった。総理大臣を4回つとめ、韓国統監（韓国におかれた日本の役所の長）になる。辞任した1909年にハルビン駅（今の中国・黒竜江省）で暗殺された。

最強 エピソード

大日本帝国憲法をつくった！

明治天皇の命で憲法調査のためにヨーロッパにわたり、ヨーロッパの立憲制度（憲法にもとづく政治制度）を学んだ。帰国後、1885年に内閣制度をつくり自らが初代内閣総理大臣となった。続いて、議会開設にそなえて憲法の草案づくりに取りかかる。ドイツ憲法を参考にしてまとめ上げた大日本帝国憲法は、1889年に発布された。天皇の権力を大きく認めた憲法であった。こうして日本は、アジアで最初の立憲国家となった。

意外な？・ひみつ

◆「子分」がいなかった

ここでいう「子分」とは、博文の補佐をしたり博文の下で力をつけたりする人のこと。博文を親分としたう子分はいなかったと、同じ時代の政治家たちが言っている。博文がかしこすぎて、子分のような補佐を使う必要がなかったように見えたとも言われている。

明治時代以降――伊藤博文

ふりがな	むつ　むねみつ	別名	**カミソリ大臣**（あだ名）
氏名		出身地	

陸奥 宗光

[政治家]

生没年	1844〜1897年	亡くなった年齢	53歳

出身地
紀伊国（今の和歌山県）

主な拠点
下関（山口県）・**東京**

略歴

　江戸時代末には尊王攘夷運動に加わり、坂本龍馬がつくった亀山社中（のちの海援隊）の一員になった。明治政府にとって大きな課題であった不平等条約のうち、治外法権（外国人が罪をおかした場合、その国にいる領事が自分の国の法律でさばく権利、領事裁判権）の撤廃に成功。日本が列強の国ぐにと対等になるための土台を築いた。

最強 エピソード

切れ味するどい政治で世界の仲間入り！

　頭の回転の速さと行動力が認められ、イギリスに留学した後、第２次伊藤博文内閣の外務大臣になった。そして、江戸幕府が結んだ不平等条約の改正交しょうに取りくんだ。宗光はイギリスと手を結び、それをきっかけにアメリカなど他の国とも治外法権の撤廃に成功。また、日清戦争後の下関講和会議では全権をつとめ、1895年に清（中国）との間で日本に有利な下関条約を結ぶなどした。その仕事ぶりから「カミソリ大臣」とよばれた。

意外な？ひみつ

◆妻はとても美人で努力家！

　宗光の妻・亮子は美しく、「鹿鳴館（外国との社交の場）の華」とよばれていた。宗光がアメリカのワシントン公使として派遣されたとき、亮子は英語を熱心に学んだという。教養が高く「ワシントン社交界の華」ともよばれ、宗光とともに夫婦で日本の外交を支えた。

JINBUTSU ▶ 明治時代以降 ── 陸奥宗光

195

ふりがな	とうごう　　へいはちろう

東郷 平八郎
[軍人]

氏名

生没年 1847〜1934年　　**亡くなった年齢** 88歳

別名
沈黙の提督(あだ名)
海の東郷(あだ名)

出身地
薩摩国(今の鹿児島県)

略歴

　薩摩藩の武士の家にうまれ、10代のころに薩英戦争で戦った。明治維新後は、海軍に入隊。1871年に政府の命令でイギリスへ留学し、7年間、航海法や国際法、兵学などを学んだ。その知識をもとに1894年の日清戦争(清は今の中国)、1904年の日露戦争(露はロシア)で活やくした。

最強エピソード

バルチック艦隊をやぶった大胆な戦法!

日露戦争が始まった翌年の1905年、ロシアは当時世界最強といわれたバルチック艦隊を日本海に向かわせた。平八郎はすぐれた判断力で敵の意表をつくT字戦法(日本の艦隊を敵の目前で90度方向転換させて一列隊形でバルチック艦隊をさえぎる戦法)で勝利をおさめた。アジアの小さな島国としか見られていなかった日本はこの劇的な勝利で列強国として名のりを上げ、平八郎の名は世界中に広まった。

意外な?・ひみつ

◆もとはおしゃべりだった　◆美男子で有名

　「沈黙の提督」とよばれた平八郎だが、若いころはおしゃべりであった。それが理由で大久保利通から留学を断られ、あきらめきれず、西郷隆盛にたのんで留学した。しかし、イギリスで差別にあって無口になってしまったという。美男子で、年を重ねてからもかなりモテたという。

明治時代以降 ── 東郷平八郎

ふりがな	たなか　しょうぞう		別名 兼三郎（幼名）
氏名	# 田中 正造	[政治家]	出身地 下野国（今の栃木県）
生没年	1841〜1913年	亡くなった年齢 71歳	主な拠点 谷中村（今の栃木県栃木市）

略歴

　下野国の名主の家にうまれた。板垣退助の自由民権運動に加わり、栃木県で国会開設を求める活動をした。1880年に栃木県議会議員に当選し、足尾銅山の鉱毒問題（足尾銅山での銅の採掘により渡良瀬川に鉱毒が流れ、魚が死んだり、洪水で水が田畑にあふれると作物がとれなくなったりした公害）に取り組んだ。1890年に衆議院議員に当選した。

最強エピソード

人びとのために、地域のために！

　正造たちは足尾銅山の採掘をやめることを政府に求めたが、日本の産業を発展させるために銅が必要だとして、政府は積極的な対策をとらなかった。国会を信用できなくなった正造は議員をやめ、明治天皇に直訴の書状を直接わたそうとした。当時、直訴は法律で禁止され、違反すると死刑になる場合もあった。直訴は失敗したが、正造の行動によって反対運動は大きく高まった。

意外な？ひみつ

◆ 遺品は少しだけ　◆ 時をこえて天皇に届く

　自分の財産を鉱毒問題解決のための活動に注いだため、正造の遺品は日記、聖書、大日本帝国憲法、普段着、小石などごく少なかった。明治天皇にわたせなかった書状は現在、栃木県佐野市の郷土博物館に保管されている。2014年に天皇、皇后両陛下が見学され、113年の時をへて思いが届いた。

JINBUTSU ▶ 明治時代以降──田中正造

ふりがな　こむら　じゅたろう

氏名

小村 寿太郎 [政治家]

出身地
日向国（今の宮崎県）

生没年　**1855〜1911年**　　亡くなった年齢　**57歳**

略歴

　陸奥宗光の目に留まり、外交官として力を発揮した。外務大臣として1902年にイギリスと日英同盟を結び、アジアにおけるロシアの勢力拡大をおさえ、日露戦争後のポーツマス講和会議では全権をつとめた。1911年には江戸幕府が結んだ不平等条約の改正（関税自主権の回復）に成功。日本が外国から輸入する品物の税金を自由に決められるようになった。

最強エピソード

ねばり強く、ポーツマス条約締結！

　日露戦争で、大国ロシアに対して日本は有利に戦っていたが、戦争が長引くと不利になることがわかっていた寿太郎は、アメリカのセオドア・ルーズベルト大統領に仲立ちをたのみ、アメリカのポーツマスで講和会議を開いた。その結果、樺太（サハリン）の南半分と、朝鮮半島進出の優先権などは得られたが、賠償金をとることができなかったため国民からは大きな批判をあびた。このため病気にもなったが、言い訳をすることはなかった。

意外な？・ひみつ

◆ ハーバード大学に留学

　寿太郎は長崎で英語を勉強し、東京の大学南校（今の東京大学になる前の学校）を卒業後、アメリカのハーバード大学に留学して法学を学んだ。帰国後は、司法省（今の法務省）に入り、その後、外交官になった。また、若いころは親の借金があり、生活に苦労していたといわれている。

JINBUTSU ▶ 明治時代以降 ── 小村寿太郎

ふりがな	つだ　うめこ
氏名	**津田 梅子** [教育者]
生没年	**1864～1929年**
亡くなった年齢	**66歳**

出身地
江戸（今の東京都）

主な拠点
アメリカ、東京

略歴

1871年、満6歳で岩倉使節団に同行し、日本初の女子留学生の一人としてアメリカにわたる。11年間の留学後、伊藤博文の家の家庭教師となり、華族女学校（今の学習院女子大学）の英語教師、女子高等師範学校（今のお茶の水女子大学）の教授になった。1900年に女子英学塾（今の津田塾大学）を創設し、自立した女性を育てるための教育に力をつくした。

最強エピソード

自分の生き方を選べるような女性に！

当時の日本では女性は結婚して子を生み、良い妻と母になることを求められた。海外では女性が自立し、個性や才能をいかして活やくするのを留学時に感じた梅子は、教育を通して、自分の生き方を選べるような女性を日本でも増やそうと、女子教育に力をいれた。キリスト教信者でもあった梅子は、キリスト教の考えにもとづいた学校をつくろうと、女子英学塾を設立。英語だけでなく人格教育もおこない、多くの女性を育てた。

意外な？ひみつ

◆通訳が必要　◆理系女子　◆有名な女性にも会う

11年間の留学で、帰国したときは日本語をほとんど忘れていて通訳が必要だった。7年後に再び留学し自然科学などを学び、特にカエルの生まれ方を勉強した。ヘレン・ケラーやナイチンゲールなど世界的に有名な女性たちと出会い、さまざまな女性の生き方にふれたことは大きな財産になった。

JINBUTSU ▶ 明治時代以降 —— 津田梅子

ふりがな	のぐち ひでよ	別名	清作（初めの名）
氏名	野口 英世	出身地	福島県
	[細菌学者]	主な拠点	東京・アメリカ・南米・アフリカ
生没年	1876〜1928年	亡くなった年齢	51歳

略歴

まずしい農家にうまれ、1歳半のときに大やけどをして左手が不自由になった。左手の手術をきっかけに医学を志し、細菌学者となる。1898年から北里柴三郎のもとで感染症について研究をした。1928年にアフリカのアクラ（今のガーナ）で黄熱病（力の仲立ちでうつる、ウイルスの病気）の研究中に黄熱病にかかって命を落とした。

最強エピソード

細菌学に心血を注いだ研究医！

左手が原因でいじめられたが、くやしさをばねに勉強し、周囲の助けで進学した。働きながら勉強にはげんだ末、医師の試験に合格。寝る間も惜しんでガラガラヘビなどの毒、梅毒、黄熱病の研究に取り組んだ。梅毒の正体をつきとめ世界的に有名になった英世は、3回もノーベル賞の候補になったが、受賞はかなわなかった。黄熱病はのちに、当時の顕微鏡では見ることができない小さなウイルスが原因とわかり、ワクチンが開発された。

意外な？ひみつ

◆ 改名した理由

初めは本名の清作で暮らしていた。しかし、坪内逍遙の小説『当世書生気質』に登場する医学生が野々口精作といい、清作と名前がほとんど同じで、さらに、借金があり、遊びぐせが悪いという短所まで似ていたことにかなりショックを受け、なやんだ末に、名を「英世」と改めた。

明治時代以降 ― 野口英世

覚えたかな？ 日本の歴史人物クイズ

答え合わせをしたら、右下に最初のページのクイズシールをはろう！

答えのページ

① 卑弥呼が魏の皇帝からあたえられた称号は何？ [7]

② 聖徳太子が定めた、役人としての心構えは「○○条の憲法」？ [9]

③ 小野妹子は何に任命されて中国へわたった？ [11]

④ 中大兄皇子が始めた天皇中心の新しい政治は何？ [13]

⑤ 聖武天皇が東大寺に本尊としてつくったものは何？ [19]

⑥ 鑑真は日本の何の発展に力をつくした？ [23]

⑦ 藤原道長がついた、天皇の代わりに政治を動かす役職は何？ [37]

⑧ 清少納言が独自のものの見方で書いた文章は何？ [39]

⑨ 紫式部が書いた物語は何？ [41]

⑩ 平清盛が貿易をした国はどこ？ [43]

⑪ 源頼朝が開いた幕府の名前は何？ [47]

⑫ 北条時宗が執権の時代に日本に2度せめてきた国はどこ？ [53]

⑬ 足利義満の時代のはなやかな文化の名前は？ [59]

⑭ 織田信長の名前が全国に知れわたった戦いは何？ [83]

⑮ 豊臣秀吉がおこなった検地は「○○検地」？ [93]

⑯ 徳川家康が開いた幕府の名前は何？ [137]

答えのページ

⓱ 徳川家光が将軍になれたのは、乳母とだれのおかげ？ [139]

⓲ 近松門左衛門が脚本を書いた人形劇を何という？ [147]

⓳ 本居宣長は何を学問として完成させた？ [153]

⓴ 杉田玄白が翻訳して出版した本の名前は？ [155]

㉑ 伊能忠敬が測量に行った「蝦夷地」とは今のどこ？ [157]

㉒ 歌川広重の代表作品は「東海道○○○○」？ [161]

㉓ 西郷隆盛が1877年に起こした戦争は何？ [181]

㉔ 木戸孝允が西郷隆盛、大久保利通と結んだ同盟は何？ [183]

㉕ 大久保利通が群馬県につくらせた工場の名前は何？ [185]

㉖ 福沢諭吉が書いたのは『○○のすゝめ』？ [187]

㉗ 大隈重信がつくった学校の名前は何？ [189]

㉘ 板垣退助が国会の開設を求めて始めた運動は何？ [191]

㉙ 伊藤博文がつくったのは「○○○○○憲法」？ [193]

㉚ 野口英世がアフリカで研究した病気の名前は何？ [205]

何問できたかな？

□ 全問 正解！　　　すごい！ きみを日本の歴史人物博士に認定する！

□ 25〜29問 正解！　すばらしい！ 博士まであと一歩だ！

□ 15〜24問 正解！　かなり力がついたようだ。答えのページをもう一度読もう！

□ 1〜14問 正解！　まだまだ修行が足りないな。001から読み直そう！

シールをはる

監 修：大石 学（東京学芸大学副学長・時代考証学会会長）
カバーイラスト・イラスト編集：株式会社サイドランチ
人物イラスト：七原しえ　むらいっち　jiro　totomo　士基軽太　ナカウトモヒロ　幸翔　鳩羽零
　　　　　　柑田風太　洵　巣高あお　時千広　狛蜜ザキ　いろりこ　鶯ノキ　さぼてん　茜湯秋色
　　　　　　Toy(e)　坂本ロクタク　モレシャン　ミヤジマハル　ヤマザキミコ
原稿執筆：三宅由里子　田代麻衣子　平井万里子　井戸川理佳　吉田政司　根本雅弘
編集協力：正木理恵（東京学芸大学大学院・都立中央都立図書館 特別文庫室 非常勤）
　　　　　谷山慎一（東京学芸大学大学院）
　　　　　野口光伸　八木佳子
ブックデザイン：星 光信（Xing Design）
DTP：株式会社ジーディーシー

最強！日本の歴史人物100人のひみつ

2017年 9月19日　第1刷発行

発行人：黒田隆暁
編集人：芳賀靖彦
編集担当：石河真由子　鈴木一馬　高田竜
発行所：株式会社学研プラス　〒141-8415 東京都品川区西五反田2-11-8
印刷所：大日本印刷株式会社

この本に関する各種お問い合わせ先
【電話の場合】
●編集内容については Tel 03-6431-1282（編集部直通）
●在庫、不良品（落丁、乱丁）については Tel 03-6431-1197（販売部直通）
【文書の場合】
〒141-8418 東京都品川区西五反田2-11-8
学研お客様センター『SG100最強！ 日本の歴史人物100人のひみつ』係
- -
この本以外の学研商品に関するお問い合わせは下記まで
Tel 03-6431-1002（学研お客様センター）

NDC210　208P　170mm×148mm
©Gakken Plus 2017 Printed in Japan
本書の無断転載、複製、複写（コピー）、翻訳を禁じます。
本書を代行業者等の第三者に依頼してスキャンやデジタル化することは、たとえ個人や家庭内の利用であっても、著作権法上、認められておりません。

学研グループの書籍・雑誌についての新刊情報・詳細情報は、下記をご覧ください。
［学研出版サイト］http://hon.gakken.jp/